Pierre Cauwet, Henry Payot

Poésies

Pierre Cauwet, Henry Payot

Poésies

ISBN/EAN: 9783743335363

Manufactured in Europe, USA, Canada, Australia, Japa

Cover: Foto ©ninafisch / pixelio.de

Manufactured and distributed by brebook publishing software (www.brebook.com)

Pierre Cauwet, Henry Payot

Poésies

PRÉFACE.

Publier un volume de vers à San Francisco, dans ce milieu des grandes épreuves et des fortes émotions, — milieu très intelligent, — mais très positif, très peu rêveur, presque rude ; livrer une pensée déjà incomplète, déjà indécise, aux chances du laborieux et difficile concours de typographes ne parlant pas la langue française ; admettre la possibilité d'un succès et de ce succès faire la dot d'une enfant qu'on ne doit pas revoir, c'est là une idée téméraire dont je repousse la paternité.

Mais j'accepte les conséquences de cette idée devenue un fait. Ouvrier, sorti de l'école des Frères à onze ans, sans guide, sans instruction, sans but possible, j'ai essayé de bégayer la magnifique parole de la poésie. Ce que j'ai fait en France, jeune homme et livré à toutes les incertitudes de la vie du peuple, je l'ai continué dans la plaine et dans la montagne, dans la solitude et dans la cité, j'ai usé mon cœur à assouplir ma pensée aux douces choses et aux grandes choses. On me blâme d'avoir livré mes sentiments ou mes sensations à la critique toujours un peu acerbe des contemporains, oubliant que, modeste rimeur, j'ai fait simplement ce qu'ont fait avant moi les maîtres les plus affectionnés dont on admire les œuvres.

Je reproduis aujourd'hui dans un livre ce que vous avez déjà parcouru dans les lignes d'un journal. Je donne tous les vers que j'ai pu retrouver, les mauvais et les bons. Je n'ai repoussé aucune de ces pauvres pièces fugitives, dates des étapes de l'exil. Je ne renie aucun nom, je ne cache aucune défaillance : j'ai le courage de mes fautes, parce que j'ai la certitude d'avoir fait beaucoup pour devenir meilleur. Je ne veux être ni un exemple, ni une leçon. Je ne crois pas au sacerdoce du poëte. Un bon vers ne fera jamais un honnête homme d'un gredin. Le poëte éprouve plus fortement que les autres et soumet les voix intimes de l'âme au mètre rigoureux du Rythme. Il est l'habilleur de la pensée humaine, c'est tout. Mais si je ne crois pas le poëte sacré, je crois la poésie utile et bonne. En somme, suis-je un poëte ? je l'ignore. J'ai fait des rimes, les voici. Ne les jugez pas, lisez-les. Seulement, souvenez-vous : — j'ai fait comme vous qui me lisez : — j'ai beaucoup souffert, beaucoup bataillé avec le destin et j'ai beaucoup aimé. Laissez en paix les cailloux de vos jardins. Jésus, qui était doux et pur, a dit une belle parole que je vous épargne. Il en a dit une autre dont je fais l'épigraphe de ce livre.

San Francisco, 1er janvier 1867.   P. C.

POESIES.

MA FILLE.

A cette heure elle doit, blanche, rose et châtaine,
    Avoir des grands yeux bien brillants ;
Des yeux bleus comme l'aube éclatante et lointaine ;
    Des yeux rêveurs et pétulants
Qui disent pour l'enfant : donnez-moi des pastilles !
    Et qui, voilés, à dix-sept ans,
Révèlent indiscrets le cœur des belles filles
    Dont Dieu fait fleurir les printemps !

On doit me l'habiller d'indienne à grands ramages.
    Et, coquette en sa pauvreté,
Sans doute elle babille aux dames des images,
    Des sœurs grises de charité.
Le dimanche on la mène à Dieu, dans son église.
    Et pour les bons et les pervers
Elle dit sa prière humble et fervente, apprise
    Dans les longs soirs des noirs hivers.

Dans sa petite chambre elle a des tourterelles,
    Que guettent ses chats indolents ;
Elle passe en jouant ses mains douces et frêles
    Dans la laine des moutons blancs.
Elle chante, elle danse, elle lutine et gronde ;
    Joyeuse et fâchée à la fois,

O cher oiseau perdu dans la foule du monde,
    Comme une rose au fond des bois !

Mon enfant, c'est ma joie et mon âme et mon rire !
    Je l'aime et je la vois d'ici ;
Je me dis quelquefois : peut-être elle sait lire :
    Peut-être elle lira ceci.
On lui dira : Là-bas, il t'oublie, il prospère,
    Cœur fou, par le monde emporté,
Ne lis pas ses chansons car les chants de ton père
    Feraient rougir ta chasteté !

O mon enfant, c'est vrai, je suis faible et mon âme
    A ses hivers comme le ciel ;
A tous les vents, c'est vrai, j'ai fait brûler ma flamme,
    A des frelons donné mon miel !
J'ai cherché les sentiers des plus faux philosophes,
    Suivi la vague et son reflux,
Et ma lyre affadie a su trouver des strophes
    Pour des cœurs qui ne battaient plus !

Prodigue, j'ai semé mes chansons parfumées,
    Pauvres sous, modique trésor ;
Mon âme s'est ouverte à des âmes fermées
    Qui ne s'ouvraient qu'à la clef d'or.
J'ai fait de mes amis décroître l'humble nombre ;
    J'ai gardé mon masque rieur,
Mais mon esprit n'est plus qu'un cimetière sombre,
    Dont le doute est le fossoyeur.

Pourtant il ne faut pas me blâmer ni me craindre
    Oh ! non, ma sainte, il ne faut pas
Me parler méchamment, il faut plutôt me plaindre,
    Il faut sur moi pleurer tout bas.
Il faut tendre vers moi tes lèvres adorées ;
    Roseau d'or, être mon appui,

Jésus avait pitié des brebis égarées,
  O ma fille ! fais comme lui !

Je suis si pauvre, enfant ! tête, bourse et cœur vides,
  Le destin ne m'a rien laissé.
Pour tous les buts sacrés j'ai des regards avides,
  Mais mon chemin est effacé.
Je lutte, mais ma vie à présent est lassée,
  Je suis triste comme la mort,
Je vieillis et j'entends marcher dans ma pensée
  L'hôte qu'on nomme le remord !

Aussi faut-il, Marie, être douce et clémente,
  Avoir de moi quelque pitié,
Dans mes spectres saignants passer fraîche et charmante,
  De mes maux prendre la moitié.
Me cacher sous l'amour mes vains rêves de gloire,
  M'arracher au songe menteur,
Et briller dans ma nuit qui s'épaissit plus noire,
  Comme un rayon consolateur !

Quand je vais triste et seul, dans les plis des ravines,
  Sous ton regard, Seigneur !
Faisant taire aux rayons de tes clartés divines
  Mon esprit raisonneur ;
Je revois le passé, le foyer, la famille,
  Et, retrouvant la foi,
Je te bénis, mon Dieu, de me garder ma fille,
  Ange qui vient de toi !,

Et je t'aime d'avoir mis dans ma vie amère,
  Pour me sauver du mal,
Cette enfant qui sera belle comme sa mère !
  Ce cœur de pur cristal !
Cette âme virginale et dont les ailes bleues,
  Planent sur mon néant,
Et me font tressaillir à quatre mille lieues,
  A travers l'océan.   1855.

SALOMON DE CAUS.

A DERBEC.

Mon cher Derbec, mon amitié reconnaissante attache votre nom en tête
de ces pauvrs vers. Un jour vous irez en France ; si vous voyez ma fille,
lisez-lui ces **lignes** écrites pour elle, et dites-lui que je l'ai beaucoup aimée.

L'autre jour, il pleuvait : temps noir et bise morne.
Un pauvre murmurait sa chanson sur la borne,
Ruisselant et hargneux ; quand on souffre on est dur ;
Moi, j'épiais au ciel un petit coin d'azur
Que rayait par moments le feu d'un éclair fauve,
Et mon enfant, assise au chevet de l'alcôve,
Gravement épelait un gros livre bourru ;
Vieux livre feuilleté par l'aïeul disparu,
Et du fier cabinet d'un savant, par mégarde
Monté pour douze sous dans notre humble mansarde.

Le toit de l'ouvrier des livres est l'exil.
Le travail ne peut lire. Amis, vous souvient-il
De ces tomes poudreux achetés d'aventure
A quelque brocanteur à la plate figure,
Qui fait coucher ensemble en son casier banal
Les *Amours* de *Faublas* et l'œuvre de Pascal,
Cotant au même prix, pour notre ingratitude,
Le cynique roman et la profonde étude ?

O vieux livres aimés, que ma mère, esprit doux
Et paisible, entr'ouvrait pour moi sur ses genoux,
Domptant mon ignorance à force de tendresse,
Oh ! que je vous bénis, amis de ma jeunesse !

C'était un de ceux-là que l'enfant tourmentait,
Dérangeant les signets dont l'éclat la tentait ;
S'écriant à l'image informe et mal venue,
Mystérieux dessin d'une chose inconnue,

Et s'irritant parfois, s'emportant même un peu,
Sans pouvoir deviner cette énigme de Dieu.

Un instant, son doigt rose en martelant la page
Appela mon regard qui suivait le nuage,
Et je me retournai : ses beaux yeux éveillés
Interrogeaient un nom. Parmi les oubliés
Ce nom est le plus grand qui rayonne dans l'ombre ;
La gloire l'a sacré, le malheur l'a fait sombre.
Pourtant, comme l'enfant, combien de riches sots
Se disent : Qu'est-ce donc que Salomon de Caus ?
Je m'arrêtai songeur devant ce nom de gloire,
Dont ma fille, en riant, me demandait l'histoire.

L'autre jour, je rêvais, je n'ai pas répondu ;
J'apprenais comme toi. Ce mot inattendu
Que tes petites mains battaient d'impatience,
M'avait fait retourner honteux vers la science.
Mais depuis j'ai relu les récits douloureux
Des martyres saignants, que les hommes entre eux,
Composent du mépris des foules irritées
Et des sanglots divins de tous leurs Prométhées.
Or, puisqu'il pleut toujours, que tous deux prisonniers,
Nous ne pouvons courir dans les champs printaniers,
Viens t'asseoir à ma table, et là, causant ensemble,
Ton cher front dans ma main qui caresse et qui tremble,
Sur le vieux Salomon je te lirai des vers,
En regardant tes yeux, tes beaux yeux, grands ouverts.

Il était une fois un souffleur de fournaise,
Richelieu gouvernant sous le roi Louis Treize,
Père du grand Louis. — Enfant, un autre jour,
Du Dieu que proclamait la lyre et le tambour,
Je te raconterai les gloires et les crimes,
Et le sang et les pleurs couleront de mes rimes.
Lui, devant qui le monde ébloui s'inclina,

Sur la Meuse et l'Escaut, dans le Palatinat,
Nous le retrouverons implacable et sauvage,
Ce roi que sa grandeur attachait au rivage !
Je te ferai toucher les spectres entassés,
Dans ses donjons royaux aux fétides fossés.
Si tu veux, nous irons l'admirer à Versaille :
Les plafonds de Lebrun sont des champs de bataille
Où, dominant la terre et s'égalant aux dieux,
Sur tous les fronts courbés plane cet orgueilleux.
Mais dans les cieux tonnants ou dans l'éclat des fêtes
Si grand qu'il soit, s'il faut en croire ses poëtes,
Je te montrerai, moi, pauvre reconnaissant,
La trace du pas grave, inflexible et puissant,
Que laissa sur sa gloire immense et sans pareille
Le soulier éculé du sévère Corneille !

Donc, Richelieu régnait. Sous cette Majesté,
Perdu dans les calculs et dans l'obscurité
Sourd aux déchirements qui tordaient le royaume,
Un modeste chercheur, à demi gentilhomme,
Et qu'on nommait monsieur de Caus, tout simplement,
Un jour était sorti du beau pays normand,
Emportant avec lui, dans sa course savante,
Le livre des *Raisons de la force mouvante*.
Quel destin le poussait loin du berceau natal ?
Je ne sais. Mais de Caus, dans un cercle fatal,
De toutes les douleurs allait épuiser l'urne.
Je le vois traverser, pensif et taciturne,
Les grands palais anglais d'où, soixante ans plus tard,
Doit partir pour l'exil l'infortuné Stuart.
Quelqu'un lui tend la main aux demeures royales,
Le voilà serviteur chez le prince de Galles ;
La fortune lui vient. Mais, sans savoir pourquoi,
L'illustre vagabond quitte le seuil du roi,
Et, prenant en chemin la besace d'Homère,
Il marche, poursuivant sans répit sa chimère.

Dans le vaste projet que construit son cerveau
Cet Archimède veut soulever de nouveau,
A l'aide d'une force en lui seul amassée,
Cette terre qui tremble au poids de sa pensée,
Et que le Seigneur fit trop petite pour lui.
Il va toujours, errant dans le vague et le bruit.
Un homme veut changer ce torrent en rivière :
Maximilien-le-Grand le reçoit en Bavière,
Et le palais ducal dans son olympe d'or
Le voit passer plus triste et plus pensif encor.
C'est que de Caus sait bien quel avenir il sème.
Il faut au grain fécond que la tempête humaine
Emporte dans ses flots, cent trente ans pour germer.
De Caus ne sait pas rire ; il ne sait plus aimer.
Enfin l'ombre descend sur cet esprit qui penche ;
Les récits de sa vie ont une page blanche.
Mais un jour, à Bicêtre, au fond d'un cabanon,
Abject, horrible, immonde, impossible, sans nom,
Parmi des forcenés et sous la même grille
Marion le retrouve, et la joyeuse fille
Recule d'épouvante, et de douleur aussi
Devant ce malheureux qui demande merci.—
O mon enfant, Dieu seul est le souverain maître ;
Quand l'homme dit : Je veux, Dieu lui répond : Peut-être!
Ma fille, inclinons-nous s'il punit le forfait ;
Mais, pour frapper de Caus, Seigneur, qu'avait-il fait ?
O mon enfant, vengeons cette victime auguste
Pour qui Dieu fut cruel, pour qui Dieu fut injuste !
Non ! Dieu n'a pas le droit de torturer ainsi,
L'élu qu'il a touché, le cœur qu'il a choisi.
Ma fille, bats des mains et chante dans ton âme
Ce martyr expirant dans un cachot infâme ;
Plébéiens, donnons-leur nos applaudissements
A ces grands noms cloués aux poteaux infamants.
Bats des mains, mon enfant, quand passent les apôtres.
Française, bats des mains, car cet homme est des nôtres !

Bats des mains pour ce mort trop bien enseveli !
Mais qu'importe, après tout, qu'on le jette à l'oubli ;
Que pauvre il ait marché sans repos et sans trève ;
Qu'il soit tombé vaincu, mutilé par son rêve,
Et que Bicêtre enfin l'étreigne en sa torpeur !
O mon enfant, il a découvert la vapeur ! ...

La vapeur ! la vapeur ! Salomon, dans sa bière,
N'aura pas même un nom pour marquer sa poussière
A l'œil de l'avenir ; mais son œuvre survit,
Et d'autres pas iront au but qu'il entrevit.
Oui, ses os blanchiront dans le silence austère,
Et ce puissant esprit, endormi sous la terre,
Ne pourra soulever ces pauvres bras raidis
Pour souffleter le tas d'Anglais et de bandits
Qui se partageront son héritage immense.
Oh ! qu'il a dû souffrir dans la nuit qui commence
Aux sépulcres fermés et qui n'a pas de fin !
Ce n'était pas assez du froid et de la faim,
Ni de cette misère et de cette souffrance ;
Ce n'était pas assez du dédain de la France ;
Le sort lui réservait pour un dernier affront
Des voleurs étrangers piétinant sur son front !

> La France chante au bruit des armes,
> Mère oublieuse, ô mon enfant ;
> Le grand homme a besoin de larmes
> Dans sa mort que rien ne défend !
> Puisque les vices sont nos hôtes,
> Laisse-nous chercher pour nos fautes
> Des noms caressant notre orgueil ;
> Et sur nos toiles d'araignées,
> Jette à pleines mains indignées
> Les cendres froides d'un cercueil !

Des idoles que l'homme adore
Les enfants soufflent les clartés.
C'est à leurs yeux, qu'emplit l'aurore,
A pleurer nos persécutés.
C'est à vous, dont les jours prospères
Ignorent les douleurs des pères,
A sourire à ce qui fut beau,
A rêver sur les saintes choses ;
Et c'est à vos beaux genoux roses
A se poser sur le tombeau !

Oh ! quand un conquérant, amour du populaire,
Fléau que Dieu forgea du feu de sa colère,
Terrassé par la mort au tournant du chemin,
S'endort sous des lauriers rouges de sang humain ;
Tandis que sous les toits vidés par ses batailles
Un cri désespéré sort du fond des entrailles
Des mères sans enfants, qui se tordent les bras
Au souvenir de ceux qui ne reviendront pas ;
La cloche se lamente aux murs des cathédrales,
Les tambours font pleurer leurs sourdes générales,
Et les canons d'airain mêlent leurs grondements
A l'impie hosannah de nos égorgements.

Quand Salomon de Caus disparut dans sa brume,
Pauvre esquif qu'un flot vil emportait sur l'écume,
Le siècle glorieux continua son cours,
Entassant lentement son travail et ses jours,
Sans qu'un penseur ému vînt reprendre à sa lave
Le nom du naufragé dont surnageait l'épave.

Mais ce que n'a pas fait le siècle du grand roi,
Quelque chose le fait mieux que lui, mieux que moi ;
Et maintenant, partout, cette chose, à toute heure,
Répond reconnaissante à cette ombre qui pleure !

Ecoute, mon enfant, et bats des mains pour lui,
Au bruit de cette voix qui l'acclame aujourd'hui !

C'est le souffle de la machine
Qui passe au galop dans l'air bleu ;
C'est le soupir de la turbine,
C'est la vapeur, fille du feu !
C'est la chaudière bouillonnante,
Poitrail de fer dont l'âme ardente
Est l'esclave d'un ouvrier.
C'est le piston, c'est le cylindre,
C'est ce fer que j'entends se plaindre,
Et que de Caus entend prier !

C'est la presse, reine orgueilleuse,
Qui va de pair avec les rois,
Cette implacable fossoyeuse
Des vieux principes, des vieux droits.
Car la vapeur vous fait revivre,
Vieux poëtes, et toi vieux livre
Que ma fille lisait hier.
O Progrès ! c'est ta loi suprême
Qui voulut, malgré Dieu lui-même,
Que de Caus finît Guttenberg !

Sur la mer, miroir des étoiles,
Quand la flotte des matelots
Ouvre au bon vent ses blanches toiles
Et s'envole en rasant les flots,
A peine aperçu du rivage,
Un oiseau court dans le sillage
Des grands vaisseaux de l'empereur ;
La flotte fuit à tire-d'aile ;
Qui la dépasse ? Une hirondelle !
L'hirondelle, c'est la vapeur !

Et maintenant, Marie, allons à ta fenêtre.
Là-bas l'horizon gris, c'est le mur de Bicêtre :
C'est là qu'il a souffert, c'est là qu'il a pleuré,
Gueux, malade, perclus, hué, déshonoré !
Là, plus bas, sous nos pieds, un grand bruit nous arrive,
C'est notre vieux Paris, cette jeune Ninive ;
Là, des juifs, des traitants, sans esprit, sans grandeur,
Ignorants qu'enrichit l'œuvre de la vapeur,
Sacs d'or qui font les beaux, sous des rideaux de soie,
Remplissent leurs palais de tumulte et de joie,
Et vivent sans songer, repus, insoucieux,
Ces Lombards, dont toujours les cailloux envieux,
Lapident le génie, holocauste qui tombe,
Que Salomon de Caus n'a pas même une tombe !

1861.

VENERATION.

A SA MAJESTE LA REINE MARIE-AMELIE,

Humble et pieux hommage d'un enfant royaliste devenu un homme
républicain.

Maintenant qu'il n'est plus et que les chants funèbres
Se sont éteints sur lui, là-bas, dans les ténèbres,
Qu'il est hors de ce siècle étrange et raisonneur,
Et qu'il dort, ce vieillard, dans la paix du Seigneur ;
Maintenant que l'oubli, refroidissant la lave,
Fait tomber sur ce nom une ombre triste et grave ;
Maintenant que l'on peut, quand le peuple s'est tu,
Saluer doucement ce grand chêne abattu ;
Que sérieux l'on doit, étudiant l'histoire,
Envelopper ce roi dans la part de sa gloire,
Que la haine aujourd'hui, flot noir, battant l'écueil,
A cessé d'écumer autour de ce cercueil ;
Oh ! maintenant surtout que, bannis de la France,
Ses fils s'en vont pensifs dans notre indifférence
Et notre ingratitude, autres sortes d'exils
Que l'on déguise en vain sous quelques mots subtils,
C'est une chose digne, honnête et vraiment sainte,
D'apporter, le front haut, sans regret et sans crainte,
Sans regarder le sot qui critique et qui rit,
Des vers reconnaissants à ce royal proscrit.

C'était un noble cœur, au dire de ses hôtes.
Certes, comme un autre homme, il avait fait des fautes ;
Mais qui de nous est pur et qui de nous n'a pas
A quelque coin obscur fait trébucher ses pas ?
Les rois ont sous la pourpre un cœur humain qui saigne.
Pendant ses dix-huit ans de veilles et de règne,

L'envie, hideuse lèvre au rire sourd et froid,
Le mordit, déchirant l'homme plus que le roi.
Il fut ambitieux, Dieu l'en punit sans doute ;
L'assassinat veillait, embusqué sur sa route,
Sinistre, se masquant d'un sordide oripeau,
Sous le nom d'un parti, dans les plis d'un drapeau,
Et sans pitié, sanglant, éclatait dans l'arène.
Eclaboussant parfois la robe de la reine.

Et pourtant, quels doux cœurs que ces rois effacés,
Que ces princes déchus, que ces nobles chassés!
Quelle belle famille oublieuse et clémente !
Quels fiers esprits ! et puis quelle vertu charmante !
Ils portaient sans orgueil le poids de leur blason,
Et tous les souffreteux connaissaient leur maison.
Tandis que, guérissant notre France affranchie,
Le vieux roi soutenait la vieille monarchie
Et la faisait paisible et libre ! — O Liberté !
Qu'as-tu fait de ta sœur la grande royauté ?
Tandis que ce pasteur, accomplissant sa tâche,
Veillant, cherchant, luttant, travaillait sans relâche,
Ses enfants s'en allaient guerroyer aux déserts,
Bronzés par le soleil, la poudre et les éclairs.
Ils marchaient dédaigneux des tempêtes civiles,
Dans le sang des combats, à la prise des villes,
Hardis, aventureux, dans les noirs tourbillons,
Toujours l'épée au poing, au front des bataillons,
Et pouvant raconter, dans leur vie agitée,
Des hauts faits dont leur mère était épouvantée.

Elle, l'auguste femme, hélas ! traînait sa croix.
Elle pleurait souvent, pauvre fille des rois,
Qu'après trois sombres jours de bonds et de colère,
La foule avait poussée au pavois populaire.
Mais dans son beau Neuilly, dans son grand parc en fleur,
Elle se souvenait des leçons du malheur.

Elle suivait du cœur et les yeux pleins de larmes
Le roi dans son labeur et ses fils sous les armes ;
Cette sainte priait pour la France et pour eux.
Elle tendait ses mains à tous les malheureux ;
Elle passait ses nuits, assise entre ses filles,
A vêtir les enfants des plus pauvres familles.
Paris en carnaval était illuminé,
Pieuse, elle cousait pour quelque nouveau-né,
Elle savait combien la couronne est fragile ;
Chrétienne, elle suivait la loi de l'Evangile,
Elle donnait son or et sa prospérité,
Et les partis haineux, dans ce règne insulté,
Saluaient, admirant son œuvre et sa prière,
Dans son travail sacré, la royale ouvrière.

Le peuple est infidèle ainsi que l'Océan ;
Lui, qui les avait pris dans ses bras de géant
A leur calme foyer pour les porter au faîte,
Vint les battre à leur tour de sa rude tempête.
L'injure échevelée, ignoble, sans pudeur,
Ecumait, déchirant leur vie et leur grandeur.
L'émeute, cet accès de folle barbarie,
L'émeute ensanglantait le sol de la patrie ;
Des hommes s'essayaient au forfait odieux.
Le roi, sage, puissant, miséricordieux,
Quand notre jeune armée avait battu ces reîtres,
Pardonnait aux vaincus, aux insensés, aux traîtres,
Serein, il étendait ses deux bras généreux
Sur ceux que condamnaient les codes rigoureux ;
Et fouillant jusqu'au fond dans leur dédale immense
Dans une loi douteuse il trouvait la clémence.

L'Histoire juste aura pour ce temps éclipsé,
Jours d'hier qu'aujourd'hui nous nommons le passé,
Dans son livre une page austère et radieuse.
La France alors était adorable et joyeuse ;

L'art réveillé créait de splendides beautés ;
Les chansons du travail emplissaient les cités ;
L'Afrique était conquise ; on avait des batailles ;
Les souvenirs entraient dans le royal Versailles !
Les poëtes chantaient, faisant leurs plus beaux vers ;
Nous étions les aînés dans ce vaste univers,
Et l'on croyait, devant la royauté nouvelle,
Que cette race avait l'éternité pour elle !

Vous qui de l'avenir gardez les noirs secrets,
Soyez béni, Seigneur, dans vos sombres décrets.
Vous les avez courbés sous vos mains irritées,
Feuilles mortes, ô Dieu ! par les vents emportées,
Vous les avez frappés, dispersés, égarés.
Il s'en vont maintenant, tristes, mornes, navrés,
Souriant au pays cause de leur souffrance ;
Ils passent sur les mers en regardant la France,
Dignes et ne voulant pas être consolés ;
Fiers d'être malheureux, contents d'être exilés.
Ils acceptent leur vie et gardent dans leurs âmes
Ce que n'atteignent pas les reniements infâmes,
Ni les révolutions, ni les adversités :
La certitude d'être aimés et regrettés.

Maintenant, vieux enfants, retournons aux écoles,
Du veau d'or de Judas refondons les idoles,
Gagnons, agiotons, ô peuple intelligent !
A la Bourse, aux coupons, c'est l'époque d'argent.
La conscience humaine implore, gémissante,
L'empereur,—l'empereur tonne !—et sa voix puissante
Ne peut même enrayer le char dans son élan ;
La fortune publique est jouée au brelan ;
Le livre est remplacé par une main-courante,
Et les rois d'aujourd'hui sont les marchands de rente.
La spéculation creuse un gouffre profond.
Oh ! quel triste avenir les malheureux nous font !

Sire, vous qui dormez dans la nuit solitaire,
Sous les trois pavillons de la grande Angleterre,
     Loin du vieux Saint-Denis ;
Vous dont le nom s'ajoute à la splendeur lointaine
Du spectre de Goritz, du Dieu de Saint-Hélène,
     Ces autres grands bannis ;

Princes, vous qui viviez naguère en nos murailles,
Vous qui couriez, vainqueurs, au milieu des mitrailles,
Vous dont la tente blanche était le seul palais ;
Ouvriers repoussés dont on garde l'ouvrage,
Dont on paie aujourd'hui le sang et le courage
Par l'insulte qui sort des immondes pamphlets ;

Reine fidèle et forte aux moments de l'épreuve,
Que le peuple a chassée, hélas ! et qu'il fit veuve,
Vous qui de mes quinze ans doriez la pauvreté,
Vous qui m'avez appris à lire dans Corneille,
Main ouverte, grand cœur qui guérit et qui veille,
     O Votre Majesté !

Ce n'était pas à moi, pauvre oiseau des guinguettes,
A pleurer vos malheurs ! c'était à ces poëtes
Ingrats dont vous étiez l'amour et le soutien ;
A la chute des rois, il faut les chants d'Homère ;
Mais si mes tristes vers arrivaient à ma mère,
Ma mère pleurerait et me dirait : C'est bien !

1858.

SOLITUDE.

Au déclin de la vie et dans l'étude austère,
Quand pensif et courbé sur la science et l'art,
Il écoute parler l'homme et marcher la terre,
La vierge Solitude apparaît au vieillard.

Elle est la bienvenue à cette heure morose
Où le jour semble noir et bien long le chemin ;
Sur les rides du front elle effeuille une rose,
Sur les rides du cœur elle pose sa main.

A ce toucher charmant l'homme presque insensible,
Et si près du sommeil que rien ne doit finir,
Voit surgir à côté de la vierge paisible
Le doux hôte des nuits, le grave Souvenir.

Alors en remuant de ses mains affaiblies
Les tisons du foyer pétillant et joyeux,
Il voit passer ses ans et leurs ombres pâlies,
Et sa vie en chantant reparaît à ses yeux.

Il sourit et des pleurs se mêlent au sourire.
Oh ! comme tout est beau quand rien n'existe plus !
Avares ! quel trésor ? O tyrans, quel empire
Valent les jours dorés qu'emporte le reflux ?

Tout est calme chez lui : les passions du monde
Laissent l'ombre tomber sur son front triste et blanc.
Le chien dort à ses pieds et la bouilloire gronde,
En querellant le feu qui ricane en sifflant.

Adieu la gloire, adieu les bruits, la multitude.
Deux amis restent seuls à son âtre enfumé ;
Homme, recueille-toi, lui dit la Solitude ;
Rappelle-toi, lui dit le Souvenir aimé.

Et du fond de leurs yeux et des plis de leur robe,
En bouquets étoilés, en clairs rayons de feu,
L'ermite voit jaillir les heures de cette aube,
Qu'on appelle Jeunesse et qui dure si peu !

Sylphes, lutins ailés, maîtresses infidèles,
Amis que le malheur a faits indifférents,
De ce vieux homme ému raniment les prunelles
Et pour le réchauffer le serrent dans leur rangs.

Oh ! le beau soir ! pauvre homme ! oh ! l'heure heureuse
L'immensité se fait adorable pour Dieu ;   [et douce !
En bas le peuple rit, et trébuche, et se pousse,
Dans les gais cabarets où l'on boit du vin bleu.

Chers fantômes, passez ! il peut vous reconnaître ;
Mais parlez-lui tout bas car l'amour est peureux
Et le vieillard entend jaser sous ses fenêtres
Deux oiseaux imprudents, deux fous, deux amoureux !

Paix ! mon chien ! taisons-nous ! laissons chanter la ronde !
Laissons les jeunes gens s'adorer à jamais !
N'avais-je pas comme eux une maîtresse blonde,
Bouche rose et menteuse, hélas ! et que j'aimais !

Et les spectres muets, fantasque aréopage,
Entourent le vieillard qui, joyeux et navré,
Avec le Souvenir épèle chaque page
Du livre de sa vie aux trois-quarts déchiré.

1858.

HÉLÈNE.

———

Quand nous étions enfants, j'allais avec Hélène,
Laissant nos grands parents s'ennûyer dans la plaine.
—Hélène, c'est le nom de mon premier amour.

Ses yeux étaient charmants comme le point du jour.
Remplis de questions, de phrases étonnées.
Beaux yeux dont le reflet a duré trente années,
De ses deux froides mains la mort vous a fermés,
Mais vous êtes toujours mes regards bien-aimés.
Et quand mon cœur tressaille et s'éveille en sa brume,
Phare de mes beaux ans, votre clarté s'allume
Et resplendit en moi comme une flamme d'or.

Elle aimait à courir libre dans son essor
En gazouillant tout bas comme font les mésanges,
Gentille à rendre fous les dieux, les saints, les anges ;
Relevant ses jupons qui lui semblaient trop lourds ;
Caquetant, babillant, interrogeant toujours,
Montrant sans y penser sa jambe rose et nue,
Car à la chasteté la honte est inconnue ;
Ramassant des bouquets pour ses petites sœurs,
Mouillant ses jolis pieds dans les ruisseaux jaseurs.
Elle prenait des airs de femme raisonnable,
Me donnait des conseils du ton le plus capable ;
Me disait vous et toi, me traitait de Monsieur
Ou me disait : mon cher ! au gré de son humeur.
Elle eût, certe, endiablé le Grand-Seigneur lui-même.
C'était un vrai tyran, mais comme je les aime !
Je ne l'ai vu pleurer qu'une fois, voyez-vous,
Pour de bon. C'était grave et digne de courroux.
Que de plaintes aussi de moi seul entendues !
Ses galoches, ô ciel, madame, étaient perdues !
Quand on cause du ciel, regarde-t-on en bas ? .

Elle me dit un soir,—que j'étais bête, hélas !—
En me jetant au nez de fraîches primevères :
Thélès, vous qui savez tant de choses sévères,
Vous dont le froid discours est toujours préparé,
Et qui parlez ainsi que monsieur le curé ;
Vous qui lisez, assis à la fraîcheur des saules,
Le roman de la Rose et l'Amadis des Gaules ;
Vous qui savez si bien expliquer gravement
Les anneaux de Saturne et le grand firmament,
Vous qui savez pourquoi sa voûte est étoilée,
Tout autant que monsieur Herschell ou Galilée ;
Vous qui, confit de grec, osez, comme eux, je crois,
Donner un nom barbare à chacun des trois rois ;
—Je vous hais, sachez-le, je vous trouve grotesque,
Affreux, insupportable, absurde et pédantesque,
Quand vous mêlez aux mots de notre cher patois
Des mots hébreux, latins, anglais, turcs ou chinois !—
Vous qui savez à fond la sotte politique,
—C'est si beau de parler Rhin, Tamise ou Baltique !.......
Vous qui vous querellez pour le contre et le pour,
Savez-vous, dites-moi, ce que c'est que l'amour ?

Hélène, ce soir-là, sombre et timide encore,
Je ne t'ai pas crié : je suis fou ! je t'adore !
Et je m'en suis allé, honteux et pas à pas.
Je n'ai pas répondu, car je ne savais pas.

Mais ce que le jeune homme, incertain de sa route,
N'entrevoyait au loin que perdu dans le doute,
Ce que cet écolier, que brûlait ton regard,
Ignorait à seize ans, l'homme l'a su plus tard !

1858.

A MADAME J. C.

Vous êtes dans Paris, la cité merveilleuse,
Vous y vivez gaîment, vous êtes radieuse.
Tout vous sourit, à vous, et tout vous fait la cour ;
Vous avez oublié l'heure de mon retour.
Les absents sont des morts, presque déjà des ombres ;
Rien ne veille sur eux, ni les souvenirs sombres,
Ni le dernier respect du tombeau noir, vainqueur,
Vous m'avez enterré déjà dans votre cœur.
Vous vivez, vous dansez, vous allez au théâtre
Et vous prenez les jours par leur côté folâtre.
Vos rêves sont bornés et vos ambitions
Ne se heurtent jamais à mes déceptions.
De l'art, des fiers instincts je suis l'homme et la proie ;
Une robe nouvelle est pour vous une joie.
Un bonnet, des rubans qu'il vous faut acheter
Vous tiennent tout un mois et vous font méditer.
Avec des mots émus le monde vous accueille ;
Vous comptez vos vingt ans, jour à jour, feuille à feuille.
Vous avez de beautés un splendide trésor :
Le passé lourd n'est plus, l'avenir pas encor ;
Vous avez vos flatteurs, des amis, deux familles ;
Femme, vous effacez les belles jeunes filles ;
Ce qui m'attriste moi ne peut pas vous toucher,
Et le malheur de vous n'oserait approcher.
L'orage de ma vie à votre destinée
Ne mêle pas d'éclairs, et ma tête inclinée
Seule reçoit la foudre et courbe sous le vent.
Vous espérez toujours et vous chantez souvent.
Votre étoile est heureuse et la mienne est funeste ;
Vous êtes pauvre aussi, mais notre enfant vous reste,
Et c'est là le regret qui veille à mon chevet,
L'enfant pour qui mon cœur s'entrouvrait et rêvait

Peut-être a fait de moi le spectre d'un autre âge,
Et ne sait sous quel coin du ciel j'ai fait naufrage.

Et pourtant, qu'ai-je fait pour mériter ainsi
Le silence de tous et de vous votre oubli ?
J'ai quitté le Paris que vous croyez la terre,
Fatigué de travail, de lutte, de misère ;
Je l'ai quitté le cœur tressaillant et brisé,
Débordant de chagrin, presque éteint, presque usé,
Emportant pour tout bien dans ce fatal voyage
Douze francs, de mon père humble et triste héritage ;
Je l'ai quitté martyr et vieux à vingt-sept ans ;
Mais si je suis parti, je le sais, pour longtemps,
Vous qui lisiez alors au livre de mon âme,
Vous que j'aimais encor, vous, mon Dieu ! vous, ma femme,
Vous dont le seul désir était ma seule loi,
Si j'ai quitté Paris, vous savez bien pourquoi.

Hélas ! je suis parti loin de vous et des vôtres ;
J'ai fui Paris ainsi qu'avaient fait tous les autres ;
Comme les cœurs vaillants qui laissaient leur maison
Et qui cherchent encor chaque jour la moisson ;
Comme ceux que peut-être on raille plein de haine
Et dont les ossements sont perdus dans la plaine ;
Comme ces compagnons hier jeunes et brillants,
Dont le front aujourd'hui porte des cheveux blancs ;
Comme tout ce qui creuse et tout ce qui travaille
Ici, comme tous ceux tombés dans la bataille ;
Comme tous ces amis dont je serre la main,
Et qui piochent sans cesse, en se disant : demain !
Comme tout ce qui va les yeux sur l'espérance ;
Comme ces ouvriers que proscrivaient de France
Le chômage et l'hiver, et le manque de pain ;
Comme eux je suis parti pour ne pas avoir faim.
Je suis parti pour vous et la petite fille ;
On a toujours assez pour soi, mais la famille

Impose des devoirs qui sont durs à remplir ;
Il faut pour les enfants savoir vivre et mourir.
Je suis parti pour vous, aussi bien que pour elle,
Je voulais l'une heureuse et faire l'autre belle ;
Je voulais épargner à notre ange adoré
Tout ce qui m'a trompé, frappé, désespéré ;
Je voulais lui gagner une dot, la richesse,
Débarrasser sa route et faire sa jeunesse
Plus calme que la mienne et que la vôtre aussi.
Vous le savez ; voilà pourquoi je suis ici.
J'acceptais les combats et j'entrais dans la lice ;
Sans hésiter j'offrais ma vie en sacrifice,
Mon front aux coups du sort s'était abandonné ;
Mais qu'importe ! je fus toujours infortuné.
Je disais : il est bien, quand Dieu fait sonner l'heure,
Que ce soit le mari qui s'exile et qui pleure,
La femme doit rester pour attendre et veiller
Sur le nom, sur l'enfant et le pauvre foyer.
Puisque l'homme est le fort, que ce soit lui qui marche,
La compagne sera la gardienne de l'arche.
Je me disais encor, mais lorsque j'étais seul
Et que mon triste esprit déchirait son linceul,
Quel été si fleuri n'a pas ses jours d'orage !
Le soleil finira par percer mes nuages ;
Après tant de douleurs, de fatigue et de maux,
Dieu me doit bien un peu d'amour et de repos ;
J'ai tant levé les yeux aux voûtes éternelles,
La pitié tombera de ses mains paternelles ;
Pour la prospérité mon tour aussi viendra,
Et s'il m'éloigne enfin il me ramènera.

Mais Dieu n'est pas pour moi, tout m'accable et me pèse,
Tout échappe à mes mains, et ma vie est mauvaise
Comme toujours, pourtant j'avais peu souhaité,
Ma servante est encor la vieille adversité.
J'ai, du nord jusqu'au sud, enfant du tour du monde,

Porté mes pas, tracé ma course vagabonde,
Et j'ai beaucoup souffert. Mon Dieu! si vous saviez
Ce que c'est qu'être loin des aimés, vous verriez!
J'ai tout fait, tout voulu, mais à cette heure, en somme,
Je suis ce que j'étais, un mineur, un pauvre homme,
Si bien que me sachant misérable toujours,
Ne voyant rien venir de ces riches séjours,
Vous avez pris mon ombre et vous l'avez chassée
Et de votre existence et de votre pensée.

Maintenant vous allez, quand vous voulez, au bal,
Vous m'avez oublié; mais je vous dis : c'est mal.
Vous n'avez pas le droit, étant ce que vous êtes,
De briser vos liens ainsi que vous le faites.
Souffrîtes-vous par moi? suis-je un homme méchant?
Pourquoi me laissez-vous aller vers mon couchant,
Solitaire et vaincu? Votre esprit est futile,
Il accuse trop vite. Ah! vous croyez facile,
La fortune en ces lieux, sur la foi d'un vantard.
Savez-vous les sueurs que nous coûte un dollar?
Vous a-t'-on dit les morts de l'âme et les épreuves
Qui, dans nos grands déserts et dans nos villes neuves,
Frappent l'Européen et le font chanceler?
Avez-vous vu nos pleurs et notre sang couler?
Savez-vous à quel prix cette Californie
Vend au rude travail, au courage, au génie,
Quelques onces de l'or qu'ignorant et moqueur
Paris fait battre au coin du nouvel empereur?
Hélas! ô pauvre enfant, intelligence étroite,
Dont un froid égoïsme a faussé l'âme droite,
Je ne vous en veux pas d'être faible et d'avoir
Condamné de si loin, ne voulant rien savoir;
Mais je doute de tout et je me sens l'envie
De vivre comme vous en riant de la vie,
De devenir sordide et mauvais quelque peu,
Et, n'espérant plus rien, de ne plus croire en Dieu.

1857.

AU QUARTIER DU TEMPLE (1850).

A MADAME J. C.

C'était une maison hautaine et solennelle,
Vieux comptoir de marchands dans une citadelle ;
Une maison bâtie au bon temps d'autrefois,
Lorsque vivaient Brantôme et les tigres Valois ;
Sa façade étalait dans l'ombre et dans les fanges
Son portail ciselé, ses Dianes, ses anges,
Ses festons mutilés par le temps sans pitié,
Et ses grands écussons brisés par la moitié.
Jean Cousin, dans ces jours de honte et de désastres,
Lui-même avait sculpté la croisée à pilastres,
Où la duchesse, belle ainsi qu'une Péri,
Apparaissait parfois s'appuyant à Henri.
Ses murs éclaboussés, sous leur lugubre teinte,
Des sièles écoulés avaient gardé l'empreinte,
Et par des ouvriers maintenant habités
Semblaient remplis encor d'ombres de Majestés.
Là, le rêveur courbé sur le livre et l'histoire
Evoquait, les couvrant de mépris ou de gloire,
Dans ces salons obscurs et jadis si brillants,
Les souvenirs de joie et les règnes sanglants.
Il voyait repasser les époques funèbres,
Les esprits lumineux, les poëtes célèbres ;
Le spectre Médicis pour lui se redressait
Foudroyé, mais encor rouge de sang français.
Vengeur, il maudissait ces rois massacreurs d'hommes,
Cette espèce impossible à l'époque où nous sommes,
Et, grave, dans son âme il remerciait Dieu
D'avoir, par le couteau, par l'épée et le feu,
Fait disparaître enfin cette infamie immense,
Délivré l'avenir et fait libre la France.

C'est là que je la vis pour la première fois,
Bien belle, à dix-sept ans,—dans cet antre de rois !

Elle avait une robe usée et presque blanche. —
Oh ! comme j'étais pauvre ! humble cœur qui s'épanche,
Je puis bien raconter à tous ma pauvreté :
Alors, comme aujourd'hui, j'étais déshérité
De tous ces biens qui font si douce la jeunesse.
J'étais un de ceux-là que le monde délaisse,
Qu'il repousse du coude en leur disant : va-t-en!
Un malheureux sans nom et qui croyait pourtant,
Mais les regards tournés vers le soleil superbe,
Préférant au Palais les arbres verts et l'herbe,
Et n'ayant, pour ce monde incrédule et railleur,
Que des pensers d'amour ou des chants de douleur.

Je connaissais son nom et j'allais voir sa mère.
Je devins amoureux. O faiblesse ! misère !
Savez-vous ici-bas quelque chose d'heureux
Et de bête à la fois comme un homme amoureux ?

Quand la deuxième fois je la vis, pauvre fille,
C'était en février, le mois noir qui grésille,
Un jour que par hasard, en soufflant dans ses doigts,
Le soleil rayonnait et courait sur nos toits.
Elle cousait gaîment auprès de la fenêtre,
Grande ouverte au beau jour. En me voyant paraître,
Elle se tut, tourna ses grands yeux pétulants
Et tendit ses deux mains vers de frais lilas blancs
Que j'apportais pour elle avec cet air stupide
Que me donne toujours mon esprit trop timide.
Un bouquet de duchesse, et qui me coûtait cher,
Songez donc ! des lilas au milieu de l'hiver !
C'est pour moi, me dit-elle, et rapide et charmante
Elle prit le bouquet de la fleur odorante,
Le posa sur la table et, sans plus de souci,
Se mit à fredonner sans me dire : Merci.

Muet, déjà lié, subissant son empire,
Je la regardais faire et je l'écoutais rire
Et chanter. Elle était plus fraîche que mes fleurs,
Les lilas blancs rendaient plus vives ses couleurs.
Aussi je l'adorais sans dire une parole,
Sans troubler de ma voix cette enfant blonde et folle,
Et j'enviais son calme et son rire si pur,
Ce doux rire joyeux qui montait dans l'azur.

1857.

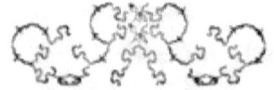

E

FAUBOURG DU TEMPLE (1852).

Lorsque tu vins au monde, ô mon enfant chérie,
Avril, le bel Avril verdissait la prairie ;
    Sur mon toit chantait un oiseau.
En naissant, les enfants des rois ont leur couronne ;
Moi, je couvris des fleurs que le Seigneur nous donne
    Le pied de ton petit berceau.

Quand tu vins, petit ange envoyé sur la terre,
J'étais bien malheureux, mais au Dieu de ma mère
    Je remis tes humbles destins.
Tu pleurais ; nos chansons t'eurent vîte apaisée.
Et je baisai cent fois ta chair blanche et rosée
    Et tes jolis cheveux châtains.

Ton arrivée, enfant, me rendit le sourire.
Les pères d'alentour accouraient pour me dire :
    Bien sûr, elle descend des cieux !
Ils admiraient tes yeux si beaux à la lumière,
Et, comme un grain de jais posé sur ta paupière,
    Un signe noir sur tes yeux bleus.

J'ai depuis, mon enfant, souvent versé des larmes,
Soldat découragé souvent jeté mes armes ;
    Mais, cœur créé pour adorer,
Je songeais à ce jour où d'amour je fus ivre,
Et je me relevais pour marcher et pour vivre,
    Pour te chérir et pour pleurer.

1857.

LA MANSARDE.

Viens ! montons jusqu'à la mansarde ;
Là, tout est pauvre mais tout rit,
L'amour volontiers s'y hasarde.
C'est la branche où perche l'esprit !
Ce tableau, c'est la vieille garde ;
L'Empereur fait face et regarde
Le front pâle d'un Jésus-Christ.
Par la fenêtre, la barrière
Fait monter son gai larifla.
Ah ! quel doux ange habite là !
      Une ouvrière !
Paix et bonheur à l'ouvrière !

Ce réduit, le soleil l'éclaire.
La gaité remplit ce grenier,
Où le courage populaire
Gagne un sou, denier par denier.
La pauvreté qu'on croit sévère,
Sait ici les lais du trouvère,
Et les flons flons du chansonnier.
Cette pauvreté, qui l'habille?
Le travail, ami matinal !
Il a payé ton premier bal,
      Ma belle fille !
Paix et joie à la belle fille !

Que j'aime ce sixième étage !
Et sa fenêtre et son palier !
La boutique reçoit Carthage ;
Athènes grimpe l'escalier.
En bas les valets et les pages,
Les dames à grands équipages,

Et les baisers qu'on fait payer,
Ici gaîment on abandonne,
Sa main, son cœur, son lit, son bien :
Dans la mansarde on ne vend rien,
        Mais tout s'y donne !
Paix et bonheur à qui nous donne !

La mansarde qu'une grisette,
Coquettement sait arranger,
Abrita le nid de Lisette,
Et la muse de Béranger.
En jupons courts, sans collerette,
Elle quittait cette chambrette,
Leste, vive et d'un pied léger.
Ce vieux mur que le temps lézarde
Remplaçait l'Olympe des dieux ;
La muse se croyait aux cieux
        Dans la mansarde !
Paix et bonheur à la mansarde !

1858.

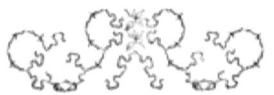

LES DEUX SŒURS.

Elles étaient deux sœurs, blondes, folles, rieuses ;
Elles avaient dix ans, elles étaient heureuses,
Car leur esprit naissant ne savait pas encor
Combien de jours de cuivre il faut pour un jour d'or.

Elles allaient gaîment se tenant embrassées,
Entrelaçant leurs mains, leurs bras et leurs pensées;
N'entendant rien gronder, ne voyant rien venir,
Et riant au soleil, à l'aube, à l'avenir.

L'aînée est une enfant que j'ai presque adorée :
Elle avait le teint bleu sous une peau nacrée ;
Le front blanc, le regard avide et curieux,
Et de l'amour déjà dans l'azur de ses yeux.

Comme je les aimais ! Maintenant dans ces âmes,
Je ne connais plus rien, elles deviennent femmes ;
Elles m'ont oublié dans ce monde moqueur,
Pauvre homme, et maintenant je suis mort dans leur cœur.

Elles sont à présent l'orgueil de leur famille ;
Henriette a treize ans ; Mathilde est jeune fille,
Et ne se souvient plus, en courant dans les bois,
De son vieux compagnon des courses d'autrefois.

Mais moi, je me souviens, à tout oubli rebelle ;
—Car je l'ai dit, je suis le souvenir fidèle —
Je garde en mon esprit tous les temps écoulés,
Et les profils joyeux de mes jours envolés.

Aussi, douces enfants, qui fîtes ma jeunesse
Eclatante de bruits, de chansons et d'ivresse,

Avec qui j'ai joué, disputé, querellé,
Et qui ne savez plus le nom de l'exilé ;

Je bénis votre vie et votre chaste aurore,
Et vous sachant grandir, je vous bénis encore,
Et souhaite pour vous, ô cher groupe adoré,
Tout le bonheur, hélas ! que Dieu m'a retiré !

1856.

SALUT A LA MAJESTE TOMBEE.

A M. ALEXANDRE DUMAS.

La reine descendait la spirale de pierre :
Par instant, et tombant de quelque meurtrière,
Un rayon de soleil peignait sur un fond d'or
L'ombre des vieux barreaux au mur du corridor.
Quand la reine passait, morne et triste statue,
Frissonnante et muette et pauvrement vêtue,
Dans cet air des vivants venu d'un ciel d'été,
Son doux front s'inclinait sous ce jour disputé,
Et ses yeux se fermaient, pouvant fixer à peine
Cet azur qu'ils avaient oublié. Pauvre reine !

Elle allait en songeant aux bonheurs disparus.

Des hommes la suivaient, moroses et bourrus,
Répondant au salut des graves sentinelles
Qui les saluaient seuls. Ces hommes,—des rebelles !
Jacques des derniers jours, formidables aïeux,
En guerre avec les rois, en lutte avec les dieux !—
Ce qu'autrefois jamais elle n'eût voulu croire,
Hâtaient son pas, frôlant parfois sa robe noire,
Causant haut, sans respect pour ce deuil si navré,
Pour ce front à la fois si faible et si sacré,
Et lui disant parfois : Marchez donc, citoyenne !

O palais des Césars, ciel bleu, splendeur de Vienne !
Berceau qu'un peuple entier garde, exalte et défend ;
Sérénité joyeuse et pure de l'enfant !
Pour ancêtres compter César et Charlemagne ;
Avoir eu sous les pieds la fidèle Allemagne,
Sur la tête, le cercle aux vieilles fleurs de lys ;

S'être habillée un jour de pourpre aux sombres plis ;
Avoir été duchesse ! avoir été la Reine !
Et tomber misérable et proscrite à Varenne !
Après avoir été la Dauphine au château,
Dans l'abjecte prison s'appeler la Véto,
Et rouler en chemin, triste et suprême exemple,
Du marbre de Versaille au pavé noir du Temple !
Ah ! dans leurs nimbes d'or, souvent les saints du ciel
Doivent trouver que Dieu lui-même est trop cruel !

Sur sa route s'ouvraient les battants d'une porte :
La reine s'arrêta plus pâle qu'une morte,
Et comprima son cœur sous ses doigts amaigris.
De ce seuil à demi-perdu dans le jour gris,
Un jour le roi Louis, son époux et son maître,
Un Bourbon qu'on nommait le Capet et le traître,
Hier un homme, aujourd'hui fantôme et souvenir,
S'en était allé seul pour ne plus revenir.
Le vent des lâchetés avait glacé ses frères,
Et des juges bravant les pouvoirs séculaires
Avaient saisi ce roi, le meilleur après tout,
Sombres avaient posé la hache sur son cou,
Et, conviant le peuple à la terrible fête,
Jeté bas sans trembler la couronne et la tête.
Lui parti, pauvre femme elle attendait son tour,
Dans l'angoisse poignante, au fond de cette tour,
Seule aussi comme lui ; les échafauds avides,
Fermant les tombeaux pleins après les maisons vides,
Avaient fait l'épouvante autour d'elle et l'oubli.
Son enfant, doux martyr, battu, triste, affaibli,
S'éteignait lentement loin des bras de sa mère.
L'avenir si rêvé finissait en chimère.
Le peuple racontait ses amours ; — tristes jours !
Un peuple s'occupant de ces choses d'amours ! —
Et sa vie insultée allait au fond des bouges,
Dans la bave de sang des tricoteuses rouges.

Ce seuil rappelait tout : l'absent parti chez Dieu,
La chute lamentable en cet horrible lieu,
Et les amis frappés dans quelque boucherie,
Et le roi faisant place à ce mot : la Patrie !
Le passé radieux, au présent si fatal,
Mêlait ses fiers éclairs et son aspect royal.
De ses beaux souvenirs elle comptait le nombre.
Avoir été si grand et choir ainsi dans l'ombre !

Au loin on chansonnait la Véto dans Paris.

La reine s'inclina, défaillante, sans cris.
La douleur l'étouffait.   Au bruit de l'air infâme,
Cette reine souffrait ; cette reine était femme,
Mais vaillante devant ses gardiens sérieux,
Elle pleurait du cœur sans larmes dans les yeux.

Son silence irritait un homme de la geôle.
Descendez, lui dit-il, en lui touchant l'épaule.

1861.

LA GARDE IMPÉRIALE.

Lorsque la garde impériale,
Jeune alors, allait en avant,
Fougueuse comme une rafale,
Triomphante et drapeaux au vent ;
Rois, bataillons, traités, histoires,
Fondaient, disparaissaient, un astre se levait !
Et tous ces demi-dieux apportaient leurs victoires
Au grand empereur qui rêvait !

Plus tard quand l'Allemage altière,
Se réveillant sous l'éperon,
Fit soulever l'Europe entière,
Sous les pieds de Napoléon ;
Ils prenaient tout, ces fils des chaumes !
Et l'univers battait des mains et regardait,
Quand tous ces demi-dieux apportaient les royaumes,
Au grand empereur qui grondait !

Plus tard encor dans les mêlées,
Quand Dieu retira de sa main
Les grandes victoires ailées
Qu'applaudissait le genre humain ;
Ils mouraient calmes, sans maudire,
Ne jetant qu'un regard au ciel qui se voilait,
Et tous ces demi-dieux apportaient leur martyre,
Au grand empereur qui croulait !

1854.

MADELEINE.

A UN AMI.

Ami, quand nous errons, tristes âmes pensives,
Au pied des monts, sous les buissons, au bord des rives.
Quand sombres, inclinés, sans gestes et sans voix,
Nous allons lentement dans les sentiers du bois ;
Me voyant soucieux traîner dans la ravine
Le chagrin, ce poids lourd sous qui mon front s'incline,
Voyant mes yeux mouillés se fermer au beau jour,
Mon esprit à la rime et mon cœur à l'amour,
Vous vous inquiétez de notre solitude
Et vous me demandez avec sollicitude
Ce qui me fait ainsi si morne et si blessé,
Et pourquoi chaque fois qu'un écho du passé
Chante en moi, comme un bruit harmonieux de lyres,
Pourquoi j'ai des chansons, pourquoi j'ai des sourires.

Puis, évoquant pour moi nos malheurs oubliés,
Vous me dites : Ami, que par le temps liés,
Vous, le hardi penseur, moi, pauvre oiseau qui tremble,
Nous avons trop lutté, marché, souffert ensemble
Pour garder entre nous le mur froid d'un secret ;
Que je n'ai pas le droit pour vous d'être discret,
Et qu'enfin tous les deux, ayant mêmes misères,
Même toit, même pain, nous sommes presque frères ;
Qu'il ne faut pas garder pour moi seul le dépit,
Les jours de mauvais temps, les hivers de l'esprit,
Les larmes, les dédains, les colères, les haines,
Et les peines d'amour qui sont vraiment des peines.

Alors, moins attristé, presque gai, plus heureux,
Cherchant à deviner dans mon cœur amoureux,

Ce cœur qui fut celui de l'homme de Térence ;
Par quel coin peut entrer le rayon Espérance,
Vous remuez ainsi qu'un sac de florins d'or
Les souvenirs perdus que je chéris encor.
Vous me dites : Enfant, nous allons causer d'elle !
Allons, pauvre pinson, vîte, entr'ouvrez votre aile !
Vous savez le parfum qu'elle a dans ses cheveux,
Parlons-en. Ses souliers sont-ils verts ? Sont-ils bleus ?
Asseyons-nous ici, causons-y jusqu'à l'aube.
Dites-moi la couleur de sa dernière robe,
Et contez-moi les jours lumineux et dorés
Où vous cherchiez des vers dans ses yeux adorés.
O doux hymne de joie ! O nom de Madeleine !
Musique de mon cœur ! éclair ! lueur sereine !
Nom qu'envierait la femme ou la fille d'un roi !
—Ah ! vous avez raison, André, réveillez-moi !

Oh ! comme maintenant ma vie est noire et vide !
Oh ! que l'été dernier était riche et splendide !
Tout me riait alors, juillet et son soleil,
Les étoiles, la nuit, les oiseaux, au réveil.
Des âmes respiraient dans les roses sauvages.
Ayant tous les désirs, j'avais tous les courages.
Le vent de Callahan me semblait un baiser
Que sur mon front brûlant parfois venait poser
Une bouche invisible, aimable et souriante.
Dans les hauts pics neigeux j'avais planté ma tente.
O Back Born ! vieux mont dont les rochers déserts
Ont dans leurs profondeurs des lacs nombreux et clairs,
Sources de Trinity, Scott Mountain, cîme haute,
Vous qui dans vos grandeurs m'avez reçu pour hôte,
Vous que j'ai parcourus comme des lieux amis,
En songeant à la France, illustre et doux pays,
Où m'attendent encor foyer, famille et mère,
Où j'ai vidé pourtant plus d'une coupe amère,
Rudes sommets, lacs bleus, magnifiques séjours,

Vos noms sont maintenant mêlés à mes amours.
Je vous aime !
                         Elle a vu vos neiges, vos verdures ;
Elle a suivi mes pas dans vos routes obscures,
Epelé ces billets, griffonnage charmant,
Du poëte, du fou, de l'homme, de l'amant,
Que je datais de vous dans ces belles journées,
Ombres déjà !....Déjà détruites et fanées !

Comme je l'adorais ! André, mon pauvre ami,
Maintenant, dans mon cœur l'orage est endormi.
Mais alors elle avait tout pouvoir sur mon âme,
Son regard y mettait la tristesse ou la flamme ;
J'étais gai de sa joie et triste de ses pleurs,
Son rire me donnait de subites pâleurs.
Vous savez si je suis honteux, presque farouche ?
Eh bien ! il ne fallait qu'un seul mot de sa bouche
Pour me faire bavard, joyeux, intelligent ;
Sa voix résonne en moi comme un timbre d'argent.
Avez-vous vu ses pieds ? C'est l'opâle et la rose !
Quand sur les durs cailloux elle marche et se pose,
On dirait un lutin tout prêt à s'envoler.
Ses yeux, que le plaisir anime et fait briller,
Sont bien beaux ! et sa joue est veloutée et fraîche ;
Quand le soleil la touche, on dirait une pêche ;
Ses longs cils, ses sourcils si noirs, si bien arqués,
N'en déplaise à Néra, ne sont pas repiqués.
Oh ! que j'aimais ses bras, ronds dans ses larges manches,
Beaux marbres entourés de mousselines blanches !
C'est bête, je comprends ; ce n'est rien, je le sais ;
Mais c'est de ces riens-là que les bonheurs sont faits !

Je sais que vous traitez en riant mes tendresses,
Mes mauvaises humeurs, mes rages, mes ivresses :
—Pourquoi donc aimez-vous, si vous devez souffrir ?
Enfant ! Pourquoi vit-on, sachant qu'on doit mourir ?

Ah ! je vous dis, André, qu'il vaut mieux mes misères,
Mes doutes atteignant les choses les plus chères,
Et mes regrets, pleurant sur les fronts que j'aimais,
Que d'être indifférent et de n'aimer jamais !

Je sais bien qu'elle m'a trompé, qu'elle est bien dure,
Que voulez-vous ? ma vie est faite à la torture ;
Je ne puis l'oublier, je ne puis la haïr,
Son nom, redit tout bas, suffit pour m'éblouir.
Quand je suis triste, ami, je regarde en arrière,
Mon esprit s'illumine et ma pensée est fière.
Mes jours enfuis sont pleins de doux rayonnements,
L'air, avec des parfums, m'apporte des serments.
Madeleine apparaît ! André, plus d'infortunes !
Je vois ses pieds mignons dans ses bottines brunes,
Elle passe rieuse, et me dit : — Reviens donc !
Mon cœur s'emplit alors de joie et de pardon.
Je ne l'accuse plus, je n'en veux plus qu'aux hommes,
Qui nous font très méchants, enfin ce que nous sommes.
Je me dis que le mal est dans l'humanité,
Que le plus vrai, souvent, est le plus insulté ;
Et puis, qu'il n'est pas bien que ma muse si tendre
Accuse un cœur brisé, qui ne peut la comprendre.

Aussi, quand je suis seul, je me sens attendri ;
Je rêve en pardonnant ; mon cœur n'est plus flétri.
Le souvenir éteint le bruit qui me tourmente,
Les temps fatals s'en vont, ma pensée est clémente.
Qui sait si l'avenir ne sera pas meilleur ?
Je chasse alors de moi la haine et la douleur,
Et ne retrouve au fond de mon âme fidèle,
Que l'amour si profond que j'ai gardé pour elle !

Callahan's Ranch, Octobre, 1855.

LE MINEUR.

—

Debout ! compagnon d'aventure,
Il faut chasser le noir sommeil ;
Voici le bonjour du soleil
A sa majesté la nature ;
Debout ! C'est l'heure du réveil.
Au coin du feu chante et bouillonne
La cafetière du mineur.
Projets, naissez ! brille, couronne
Destinée au triomphateur.
Narguons la misère importune
Et tournons-nous vers la fortune
Dont l'espérance est la couleur.

Que Dieu dans la plaine et sur l'onde
Guide le bras, aide à l'essor
Des compagnons du tour du monde,
        Des chercheurs d'or !

Chantons dans le mont solitaire :
Nos rockers battent les milliards
Qui roulent, fleuves de dollars,
En torrents jaunes sur la terre.
Pour l'industrie et pour les arts
Nous bâtissons les grandes villes,
Nous dorons les valets des cours,
Et des spéculateurs des villes
Nous élevons les fiers séjours.
Nous faisons le tarif des âmes
Et nous enrichissons les femmes
Dont la vie est un claim d'amours !

Fumons ! La pipe est la maîtresse
Du mineur, ce gai Juif-Errant ;

Sa fumée en flot odorant
Vaut mieux que la fausse tendresse
Et dure plus qu'un long serment.
Elle remplit la causerie,
Sèche l'œil mouillé qui pleurait ;
Le mineur fume, et la patrie
Sous un ciel d'azur apparaît.
Il oublie épreuve et souffrance,
Et son âme voyage en France
Sur les deux ailes du regret !

Hélas ! plus d'un de nous peut-être
Ne reverra pas le pays,
N'entendra plus d'accents chéris
Au vieux foyer qui l'a vu naître,
Et s'éteindra loin des amis.
Tunnels maudits et vous, creeks sombres,
Vous dévorez nos compagnons,
Et vous gardez au fond des ombres
Leurs ossements dans vos cañons.
Pas même un tombeau dans la plaine ;
Vous gardez tout, et c'est à peine
Si nous pouvons sauver leurs noms !

Pourtant, dans les monts et sur l'onde,
Que Dieu toujours aide à l'essor
Des compagnons du tour du monde,
        Des chercheurs d'or !

REGRET.

Oh ! ces vallons, ces lacs, ces Névadas sublimes,
Dont les vents furieux ont déchiré les cîmes,
  Ce jeune peuple universel,
Ces Babels où j'entends les langues des deux mondes,
Ce soleil, ces forêts, ces îles et ces ondes
  Et cette splendeur sous le ciel ;

Ce pays tout enfant, ces cités toutes neuves,
Se couchant sur les monts, se baignant dans les fleuves,
  Charmantes sous leurs chênes verts ;
Pleines de bruit, de chant, de musique amoureuse,
Où, dans les fandagos, dans une foule heureuse
  D'être libre dans les déserts ;

Ces femmes étalant leurs cyniques parures,
Leurs douteuses beautés couvertes de dorures,
  Qui font, sans honte et sans remord,
Les basses actions et les choses infâmes ;
Ces lubriques Laïs, ces trafiquantes d'âmes,
  Masques du plaisir sur la mort ;

Cette mer souveraine, à Dieu même pareille,
Qui mouille chaque jour d'une écume vermeille
  Cette Carthage aux pieds brillants ;
Et cette république industrieuse et fière,
Et cette terre enfin qui garde la poussière
  Des vieux flibustiers castillans ;

Non, ces splendeurs, hélas! qu'admire l'Amérique,
Mont sombre, océan vert, placer d'or, république,
  Et la liberté sous les cieux,
Pour moi ne valent pas, ô ma mère, ô patrie,

G

Ni le vieux sol picard, ni la mousse flétrie
     Des sépulcres de mes aïeux !

Ni ce ciel orageux, tout chargé de tonnerres,
Ni le pauvre village où des mains mercenaires
     Ont bercé mes premiers chagrins,
Ni la Manche houleuse où le navire passe,
A qui, petit enfant, j'ai jeté dans l'espace
     Les vers de mes premiers refrains.

Oh ! la France ! la France ! oh, souvenir austère.
Qui donc peut oublier la France sur la terre ?
     Et quel Français, las de souffrir,
N'a point pleuré la France au fond de sa pensée
Et n'a point murmuré dans son âme oppressée :
     La voir encor et puis mourir !

Yreka, 1854.

LA SHASTA ET LA SOMME.

Je suis le souvenir fidèle.

———

Je suis Shasta, la nymphe blanche,
Je cours, je bondis et j'épanche
Les cascatelles de mes eaux
Parmi les roses et les vignes,
Et je joue avec les grands cygnes
Sur la mousse et dans les roseaux.

Mon bord ombreux, où l'Indien rôde,
Semble un vert tapis d'émeraude,
De chèvre-feuille et de gazon,
Que le ciel plaça sur la route
Du voyageur qui songe et doute,
En interrogeant l'horizon.

Je suis fraîche comme une épouse,
Le Sacramento me jalouse,
Lui, le beau fleuve sans pareil ;
Plus que son flot mon onde est belle,
Et l'aigle y vient mouiller son aile
Pour remonter vers le soleil.

J'ai des cañades pour cortége,
Je suis la fille de la neige
Et du gouffre obscur et dormant.
Toute entrave m'est odieuse ;
Je brise tout et vais, joyeuse,
Au rude Océan, mon amant.

Je hais les canaux, les écluses,
Où l'on nous enferme, recluses,
Malgré nos fureurs et nos cris ;

Et j'aimerais mieux, dans ma haine,
Aller trouver ma sœur la Seine
Et couler esclave à Paris.

Plutôt que de voir sur ma rive
La forêt s'abattre plaintive
Sous la hache du vieux trappeur ;
Ou que me voir, moi, si hautaine,
Sous les ordres d'un capitaine,
Au service de la vapeur.

Je veux couler toujours sauvage ;
Je ne veux pas sur mon rivage
De ponts, de quais, ni de cité.
La liberté, c'est magnifique,
Et j'inonde cette Amérique,
Si l'on touche à ma liberté !

Mais je ne hais pas tous les hommes,
J'ai sur cette terre où nous sommes
Mes amours et mes préférés.
J'aime l'esprit qui chante et rêve,
J'aime l'homme assis sur la grève
Et tourné vers ses jours dorés.

Viens près de moi, pauvre poëte,
Pour toi je serai sans tempête,
Je m'étendrai sous les buissons.
Et là, sous une ombre fleurie,
Tu parleras de ta patrie,
Et tu me feras des chansons.

Tu trouveras l'hôte et l'hôtesse,
Le souvenir et la tristesse,
Au pas mélancolique et doux.
Laisse aller la tourbe servile ;

Laisse l'homme et laisse la ville,
Et viens demeurer avec nous.

Viens près de moi, bois à ma source ;
Et j'emporterai dans ma course
Et ta colère et ta douleur.
L'oubli descendra dans ton âme,
Et tu verras comme une flamme,
Le front lumineux du bonheur.

— O mon enfant, je suis ta mère ;
Je suis la Somme à l'onde amère,
Je n'ai ni flottes ni trésor ;
J'arrose une grave province,
Mon nom ne couronne aucun prince,
Et mes flots ne roulent pas d'or.

Sur mon eau bien souvent troublée,
Je ne vois pas la troupe ailée
Des cygnes au duvet soyeux,
Et dans les ajoncs et les mauves
Je ne vois pas les vautours fauves
Me boire en regardant les cieux.

Je n'ai que de calmes ombrages,
Je coule paisible, sans rages,
Sans cascades, sans sable ardent,
Et je vais simple et solitaire
Saluer la vieille Angleterre,
Et mourir en la regardant.

Mais, comme celle qui commence,
Si je n'ai pas le val immense,
Les monts aux noires profondeurs,
Comme une autre j'ai ma richesse,
J'ai ma fierté, j'ai ma vieillesse,
O mon enfant, j'ai mes grandeurs.

Je suis la rivière fidèle,
Je suis la Somme, je suis celle
Qui baigne le bassin picard ;
Des rois ont passé sous mes saules,
Et j'ai servi les vieilles Gaules
Depuis Capet jusqu'à César.

J'ai des châteaux, des villes sombres,
Des cathédrales pleines d'ombres,
Plus hautes que des minarets ;
J'ai l'herbe verte pour toilette,
Et je souris à l'alouette
Qui gazouille dans mes guérets.

Pourquoi de l'or ? pourquoi des marbres ?
Reviens, mon enfant, sous mes arbres ;
Je suis douce comme l'oiseau.
L'exil rend plus lourdes les chaînes ;
Viens, mon enfant, j'ai de grands chênes,
O mon enfant, j'ai ton berceau !

Hélas ! tu me trouveras seule ;
Petite sœur et blanche aïeule,
Tout s'est éteint. Un vent mortel
A soufflé sur l'humble famille,
Et vieille femme et jeune fille
Sont des saintes au fond du ciel !

Reviens. Pourquoi cette fatigue
Et ce travail que tu prodigue,
Et ces combats et ces efforts ?
Reviens, ô chercheur de fortune,
Reviens pour chanter sur ma dune,
Reviens pour rêver sur tes morts !

Yreka, 1854.

SUR UN STEAMER.

—

Aujourd'hui, le steamer nous emportait, rapide,
Les uns vers le bonheur, les autres vers le vide.
Les voyageurs causaient et souriaient, mais moi
J'étais triste et vaincu, car je songeais à toi,
A toi mon seul amour, mon unique pensée —
A toi qui restes seule, abattue et brisée
Dans cet affreux désert dont je hais jusqu'au nom,
Qui garde, lieu maudit, mon plus cher compagnon.
Je regardais ma vie en voyant courir l'onde.
Ai-je trouvé le but que je cherche en ce monde ?
Excepté toi, tu sais que rien ne m'est resté.
Que vais-je faire encor dans la grande cité
Où je n'ai pas d'ami, de toit ni d'espérance,
Où je suis inconnu pour les langues de France ?
J'y vais rentrer usé, découragé, haineux,
N'ayant plus devant moi rien qui soit lumineux,
Courbé sous tous les maux, sous la peine poignante.
Puis, je voyais briller, vision souriante,
Cet avenir obscur que nous avions doré,
Quand nous parlions tout bas, l'un de l'autre enivré.
Dans cet ouragan noir, la foi rêveuse et grave
Des débris de mon cœur ramassait chaque épave
Mon esprit douloureux à sa voix s'apaisait
Et, retourné vers toi, je murmurais : Qui sait ?

Et j'étais sans regard pour l'horizon sans bornes ;
Pour le val déployant les solitudes mornes
Les arbres frissonnaient, l'alouette chantait ;
Amour ! c'était ta voix que le vent m'apportait.
Je fredonnais tes chants, éperdu, solitaire,
Oubliant qu'à mes pieds, merveille de la terre,
Le fier Sacramento, le Rio souverain,
Roulait en écumant ses larges flots d'airain.

1855.

HYMNE DES VINGT ANS.

Dans l'Olympe païen, dans ses fêtes sacrées,
Sur un char dont l'Amour tient les rênes dorées,
Suivi par les Plaisirs, les Ris, la Volupté,
Les songeurs appuyés aux colonnes antiques
Voient passer à travers des splendeurs magnifiques,
      La déesse de la beauté !

Les dieux forment sa cour et Jupiter lui-même,
Laisse tomber la foudre et le sceptre suprême,
Et mêle son sourire aux applaudissements.
De la grâce riante il a subi·l'empire ;
Sa puissance s'incline et son orgueil soupire
      Quand Vénus rit de ses tourments !

Sous les pas de Vénus tout fleurit et s'enflamme.
Au front le plus étroit son regard met une âme ;
Elle amollit l'esprit du sage et du rhéteur.
Elle apporte les chants où régnaient les tempêtes ;
De ses plus doux baisers naissent les grands poètes
      Et Praxitèle est son sculpteur !

Aux jours si merveilleux des grandes épopées,
Quand la fureur des dieux et les grands coups d'épées
Faisaient trembler la terre et rêver les humains,
C'est elle que chantait Homère dans son livre.
Le chantre est mort, Vénus n'a pas cessé de vivre
      Et l'univers est dans ses mains !

Les dieux d'or ont croulé, mais, admirable et belle,
Elle reste debout dans la nue éternelle,
Projetant sur les arts son profil souverain ;
Tenant sous ses pieds blancs les foules terrassées ;

Faisant éclore enfin les plus hautes pensées,
    A son rayonnement divin !

De son pouvoir partout on retrouve la trace ;
Elle guidait Virgile, elle inspirait Horace.
C'est à son nom si doux que, rêveur et souffrant,
Tibulle dédiait ses pages immortelles ;
Ses poëmes écrits au bord des cascatelles,
    A l'ombre du bois odorant.

Rome tombe et s'éteint la Rome impériale !
Dix siècles ont rongé sa pourpre triomphale ;
La ville des tribuns aux chars étincelants,
S'en va sous les marteaux qui l'attaquent sans trêve ;
Mais Léon Dix paraît et Rome se relève
    Après un sommeil de mille ans !

C'est le temps du génie et du vol des grands aigles !
Du beau, splendeur du vrai, l'homme cherche les règles ;
Un lumineux autel se dresse sur les temps,
C'est l'autel de Vénus, la déesse homérique
Aphrodite renaît blonde, rose et pudique
    Dans la verdure d'un printemps !

La mère des amours domine encor le monde :
Modèle de Vinci, la voilà ! c'est Joconde !
On peuple de Vénus les palais florentins,
Torquato le poëte à la phrase limpide
Sur des bords inconnus la déguise en Armide,
    Reine des chevaliers hautains.

Au Louvre noir et sombre et plein de pertuisanes
Le roi de Marignan fait sculpter des Dianes,
Les dieux du Panthéon vont remplacer la croix,
Jean Goujon dédaignant les gothiques églises

H

Cisèle les amours qui courent dans les frises
    Au fronton du château des rois !

Dans son large horizon, dans la grande nature
Versaille, éblouissant de gloire et de dorure,
Ecoute pleurer Phèdre en vers harmonieux.
Tout resplendit d'amour dans cette époque altière,
Et Louis à genoux adore Lavallière
    Et courbe son front radieux.

Mais sous ces noms joyeux dispersés par la brise
Diane, Gabrielle, ou Fontange et Louise ;
Sous ces noms devenus un triste et doux écho,
Vénus respire et brille, et, poursuivant son rêve,
Le songeur la retrouve encor lorsqu'il soulève
    La robe de Manon Lescaut !

      C'est elle, amis, c'est elle encore
      Que nous cherchons avec des chants
      Dans la nuit calme, dans l'aurore,
      Dans les grands bois et dans les champs.
      C'est elle que le cœur acclame,
      Mythe divin ou simple femme,
      C'est Vénus au rire vermeil,
      Que nous suivons, foule idolâtre
      Quand la jeunesse au pied folâtre,
      S'épanouit au beau soleil.

      C'est elle, la vie et la joie :
      Son portrait a mille couleurs.
      Reine sous l'or et sous la soie ;
      Pauvre ouvrière sous les fleurs.
      En couronne, en frais rubans roses,
      Toujours dans ses métamorphoses,
      C'est elle qui montrant le ciel
      Dans son fier et brillant sourire,

Dit à son amant qui l'admire
Que le beau seul est éternel !

Car elle est tout dans la nature,
Elle est tout dans l'humanité ;
Marbre vivant, blanche sculpture,
Belle fille ou bien Déité.
Elle est l'aimant, elle est le pôle,
Elle est la palme et l'auréole,
Elle est la clarté de l'azur :
Et le souffle puissant de l'âme
Ne peut s'allumer qu'à la flamme
Des étoiles de son front pur !

1858.

CHANT D'AMOUR.

Swan ! voici l'époque charmante ;
Tout est musique, tout est fleurs !
C'est l'heure où la nature aimante
Se réveille dans ses douleurs !
Le champ redevenu superbe,
Du printemps fête le retour,
Et l'insecte chante dans l'herbe
Ce soleil qu'on nomme l'amour !

Swan ! la marguerite est éclose,
Les bois sont verts, et les buissons
De jasmin et de laurier rose
Sont égayés par des chansons ;
Le vallon rit, le flot murmure,
L'été vient et dit : A mon tour ;
Et tout sourit dans la nature
Au soleil qu'on nomme l'amour.

Swan ! pour tous c'est l'instant suprême,
Le printemps vient tout parfumer ;
A la fleur l'oiseau dit : Je t'aime !
La fleur dit : Qu'il est doux d'aimer !
Tout est transport, bonheur, ivresse,
Tout est clarté, splendeur, beau jour.
Oh ! viens réchauffer ta jeunesse
Au soleil qu'on nomme l'amour.

Swan ! c'est l'amour qui nous fit naître,
Le vent dit son nom dans les airs ;
Il est le but, il est le maître,
Son souffle anime l'univers.
Feu magique, il éclaire, il dore,

Et dans son Wiggam, froid séjour,
Le barbare lui-même adore
Ce soleil appelé l'amour.

LILY.

La terre a des beautés sereines
A rendre le soleil jaloux ;
Elle a la rose et les verveines,
Les vautours noirs, les lions roux,
Et vous savez que dans les plaines
On trouve l'or dans les cailloux.

Eh bien, moi, je préfère
Aux splendeurs de la terre,
Aux étoiles des soirs,
A la plus douce chose,
Ma tourterelle au collier rose,
Ma colombe aux jolis yeux noirs.

La terre a des femmes riantes,
Qui damneraient un chérubin ;
Elles ont dans leurs nuits brillantes
Des pudeurs faites de carmin,
Et nos cœurs sont pour ces méchantes
Moins que rubans et que satin.

Eh bien, moi, je préfère
Aux femmes de la terre,
Aux étoiles des soirs,

A la plus douce chose,
Ma tourterelle au collier rose,
Ma colombe aux jolis yeux noirs.

Je sais, dans la calme nature,
Des frais endroits, des bords fleuris,
La rose y pousse sans culture ;
Et j'ai vu dans le grand Paris
Des vieux palais dont la dorure
Aux badauds arrache des cris.
    Eh bien, moi, je préfère
    Aux trésors de la terre,
    Aux étoiles des soirs,
    A la plus belle chose,
Ma tourterelle au collier rose,
Ma colombe aux jolis yeux noirs.

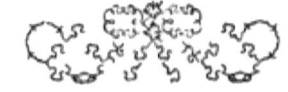

MIGNONNE.

Mignonne, mon âme est jalouse :
Je veux être votre mari,
Que vous faut-il, démon chéri,
Est-ce un parc avec sa pelouse ?
Tournant votre tête à l'envers,
Vous faut-il des tonneaux de piastres ?
Mes domaines sont dans les astres,
J'ai des étoiles dans mes vers !
      Mignonne !
Je suis bien pauvre, voulez-vous
Que je devienne votre époux !

Riant de mes chansons ailées,
Mondor a carrosse et chevaux ;
Moi, je n'ai comme Marivaux
Que des phrases bien épinglées.
Marivaux meurt, aussi Mondor ;
Au coin du feu, des deux on cause ;
Mais il reste bien quelque chose,
Des vers. — Que reste-t-il de l'or ?
      Mignonne !
Je suis poëte, voulez-vous
Que je devienne votre époux !

Les rois ont le sceptre et le trône.
Ils sont puissants ; sont-ils heureux ?
Je n'ai que mon cœur amoureux
Pour empire et je vous le donne.
Mais je puis aussi, je le croi,
Couronner une souveraine :
Une femme peut être reine
Sans être la femme du Roi !
      Mignonne !

Je suis bien gueux, mais voulez-vous
Que je devienne votre époux !

Laissez passer la grande dame
Sans que votre œil soit ébloui ;
Et répondez par un bon oui !
A celui qui vous tend son âme.
C'est, je sais, un mince trésor,
Mais elle enserre fleur choisie,
Le lys blanc de la poésie !
Que vous faut-il de plus encor !
  Mignonne !
Je vous aime tant ! voulez-vous
Que je devienne votre époux !

San Francisco, 1857.

KETTY L'OUBLIEUSE.

Musique de J. Carnaud.

———

Bonjour, Ketty ! bonjour, ma belle,
Vous revenez donc du Pérou !
Sainte Vierge, quelle dentelle !
Et quel velours ! et quel frou frou !
On dirait presque une princesse
De Charles Six à l'Opéra.
Je veux saluer votre altesse,—
Mais mon cœur te répètera :

Bonjour Ketty ! Bonjour, ma chère !
Que vous étiez gentille en petite ouvrière.
Bonjour, Ketty ! bonjour !
Mon joli renégat d'amour !

Bon Dieu ! quelle marche rapide !
Mais où donc ainsi courez-vous ?
Quel est donc le palais splendide
Où vous trouvez l'amour plus doux?
Est-ce en Powell, riche retraite,
Treillis d'or du soleil fêté,
Que vous cachez ô ma reinette,
Ton infidèle majesté !

Bonjour, Ketty ! bonjour, ma chère !
Ah ! que vous étiez fraîche en petite ouvrière.
Bonjour, Ketty ! bonjour !
Mon joli renégat d'amour !

J'admire cette mousseline,
Nuage à ceux du ciel pareil,
Mais vos cheveux sous la maline
Sont bien moins blonds qu'au grand soleil,
Mais il faut de l'or, de la soie,

I

On veut un luxe oriental,
Et comme vous, on vend sa joie, —
— Moi, je te dis : Ketty, c'est mal !

Mais, bah ! Ketty, bonjour, ma chère !
Pourtant, vous étiez mieux en petite ouvrière.
Bonjour, Ketty ! bonjour !
Mon joli renégat d'amour !

Bientôt vous donnerez des fêtes
Où vous serez en falbalas,
Vous y recevrez les poëtes
Ainsi qu'on faisait sous Gil Blas.
Vous leur direz : le plus beau livre,
C'est le grand livre du comptant,
Et vous leur apprendrez à vivre
A ces faquins qui t'aimaient tant !

Bonjour, Ketty ! bonjour, ma chère !
Ah ! que je vous aimais en petite ouvrière.
Bonjour, Ketty ! bonjour !
Mon joli renégat d'amour !

Donc, c'est fini ! bonjour, Madame !
C'est bien, ma patrie est l'exil !
Mais dites, un bon cœur de femme,
En est-il un ? combien vaut-il ?
Il était, que Dieu vous pardonne !
Dans votre sein, ce cœur joyeux ;
Vous y mettez un octogone ! —
Et pourtant ton cœur valait mieux !

Bonjour, Ketty ! bonjour, ma chère !
On vous aimera moins que petite ouvrière.
Bonjour, Ketty ! bonjour !
Mon joli renégat d'amour !

1857.

CHANSON.

Musique de J. Carnaud.

Autour de ta beauté rieuse,
Autour de ta jeunesse en fleurs,
Se presse une foule amoureuse
De galants, portant tes couleurs.
Mais derrière eux jusqu'en tes fêtes
Je vois des grimauds envieux,
Ventrus, ridés, bonshommes vieux
Dont l'argent a tourné les têtes !
       Ah !
Qu'ils sont bêtes ! bêtes ! bêtes !
Ah ! mais Ketty, comme ils sont bêtes !

De conseils ils te font largesse,
Vertueux, dignes d'une cour
Tout en habillant leur sagesse
D'affiquets un peu Pompadour.
Du bout du pied sur les musettes,
Ils poussent leurs petits dédains,
Mais pour d'austères Bernardins
Comme ils courtisent nos grisettes !
       Ah !
Qu'ils sont bêtes ! bêtes ! bêtes !
Ah ! mais Ketty, comme ils sont bêtes !

Nous qui t'aimons, même infidèle,
Nous qui contents suivons ta loi,
Nous te disons : Ketty, sois belle !
Eux te disent : Ketty, vends-toi !
Des hivers fermant nos goguettes,
Ils te font un triste avenir ;
Mais n'as-tu pas le souvenir
Pour t'égayer dans les tempêtes !

Ah !
Qu'ils sont bêtes ! bêtes ! bêtes !
Ah ! mais Ketty, comme ils sont bêtes !

Sois heureuse et laisse-les dire,
Ketty, garde ta liberté ;
Dis-leur de te vendre du rire
Comme en donne la pauvreté.
Quels châteaux vaudraient nos chambrettes !
Ils sont trop grands pour des pinsons,
Ils sont trop vieux pour nos chansons,
Et trop froids pour nos amourettes !
Ah !
Qu'ils sont bêtes ! bêtes ! bêtes !
Ah ! mais Ketty, comme ils sont bêtes !

San Francisco, 1857.

CHANSON DU MATIN.

—

Du dieu Pan résonne la flûte.
Lizzy, pourquoi dormir encor,
Quand le soleil à Shasta Butte
Met un grand schall d'azur et d'or !

Les oiseaux ont ouvert leurs ailes,
La plaine est verte et l'air est doux.
Lizzy ! Lizzy, réveillez-vous !
Et, pimpante sous vos dentelles,
          Venez à nous !

Comme Peau-d'Ane, ma Lisette,
Riant à l'air, au ciel vermeil,
La nature revêt, coquette,
Sa robe couleur de soleil.

Voyez, votre horloge retarde ;
Le jardin s'éveille au beau jour,
Et le lys vaniteux bavarde
A la rose, la fleur d'amour !

L'iris bleu fait la cour à l'onde,
L'onde sourit à l'iris bleu,
Et dit : Viens dans l'ombre profonde
Rire beaucoup, jaser un peu.

Le pommier blanc dit à la pêche :
Madame, je n'aime que toi !
Et l'autre répond : Ça n'empêche
Que l'amour est gentil, ma foi !

Eh bien ! puisque d'amour tout cause,
Lizzy, faisons comme ils font tous,
Mettez votre petit pied rose
Dans la main que je tends vers vous ;

Et, plus fraîche que cette aurore,
Mêlant votre regard au mien,
Quand je dirai : Je vous adore !
Répondez-moi : Je le veux bien !

Les oiseaux ont ouvert leurs ailes,
La plaine est verte et l'air est doux.
Lizzy ! Lizzy, réveillez-vous !
Et, pimpante sous vos dentelles,
            Venez à nous !

Scott Valley, 1856.

LES BILLETS DOUX.

———

Lettres d'amour, de joie et de jeunesse,
Doux souvenirs qui consoliez mon cœur,
Vous qui faisiez moins lourde la tristesse,
Qui jeune encor me fait grave et grondeur ;
Reproche tendre et page parfumée
Que je gardais comme un riche trésor,
Allez-vous-en, vous n'êtes que fumée. —
Mon âme est sombre et pourtant j'aime encor.

Je vous renvoie à l'oubli, pauvres lettres ;
A ce néant où tombe tout espoir,
Où vont s'éteindre à leur tour tous les êtres :
Obscure nuit dont le doute est le soir.
Mais emportez le souci qui me ronge,
Et laissez-moi reprendre mon essor.
Allez-vous-en, vous n'êtes que mensonge ! —
Mon âme est triste et pourtant j'aime encor !

Et cependant, hélas ! je vous regrette !
Papiers jaunis et feuillets déchirés,
Au livre heureux où l'âme du poëte
Avait inscrit quelques noms adorés.
O passion ! amour ! quel diadème
Peut vous payer, chers billets margés d'or !
Allez-vous-en, avec vos doux : je t'aime !
Mon âme est triste et pourtant j'aime encor !

Petits billets, j'aimais à vous relire.
Vous me disiez : le bonheur, c'est demain !
Vous résonniez d'un vague accord de lyre,
Et vous gardiez le parfum de sa main !
En vous voyant, il me semblait entendre

Ces beaux serments qui me faisaient si fort !
Allez-vous-en ! serments, devenez cendre ! —
Mon âme est triste et pourtant j'aime encor !

Allez-vous-en, bonjours, baisers, caresses ;
Rêves fleuris, harmonieux réveils !
L'éternité de vos fraîches ivresses,
A peine aura duré quelques soleils :
Allez-vous-en ! l'été vient, le temps passe,
Tout reverdit, mais son amour est mort !
Et dans son cœur mon souvenir s'efface !
Mon âme est sombre et pourtant j'aime encor !

San Francisco, 7 avril 1857.

APRES DIX ANS.

A J. MAURIN, ARTISTE, A SAN FRANCISCO.

I

Un jour, — ô compagnon, combien de nous peut-être
Au front marqués déjà par l'implacable maître
    Ne verront pas ce jour !
Combien de cœurs trompés qui s'éteindront dans l'ombre !
Combien se coucheront dans le sépulcre sombre
    D'amis qui croyaient au retour !

Combien auront lutté contre de vains fantômes !
Combien auront livré, dans ces jeunes Sodomes,
    De combats solennels,
Qui, près d'atteindre au but que le triomphe dore,
S'en iront fatigués dans la sublime aurore
    Des grands lendemains éternels !

Au souffle du Très-Haut, passons, oh ! feuilles mortes,
Combien de l'avenir verront s'ouvrir les portes !
    Combien d'esprits navrés
Béniront le trépas ! Et quels sont les prospères
Qui pourront reposer près des os de leurs pères,
    Portés par des bras adorés !

Des heureux sur la mer on peut compter les voiles;
Mais combien parmi nous, sans phare et sans étoiles,
    Combien devront souffrir !
Combien succomberont dans les douleurs cruelles ;
Et qui de nous, Seigneur, ira fermer ses ailes
    Au lieu qui les vit s'entr'ouvrir !

II.

Un jour ce pèlerin qui parcourut la terre
Revint, le cœur empli d'une raison austère,
     Au nid de ses amours ;
Après des nuits de flamme, après des jours de brume,
Passereau dont l'autan éparpilla les plumes,
     Il revenait et pour toujours !

Du sommet de la côte agreste et parfumée
Il salua le bourg et la blonde fumée,
     Qui semblait le dorer.
Il touchait en tremblant les arbres et les pierres,
Et sa main essuyait au bord de ses paupières,
     Des larmes douces à pleurer.

Entre les peupliers la Seine voyageuse
Roulait sur les cailloux murmurante et joyeuse,
     Et mouillait en courant
Ces bords où tout enfant il avait, âme éprise
D'air et de liberté, dit à la molle brise
     Son secret le plus enivrant.

L'église s'élevait fière et fleurdelisée,
Renvoyant en joyaux de sa haute croisée
     Les brillantes couleurs ;
L'enfant revenait homme à ce grand baptistère,
Et rapportait au pied de l'autel solitaire
     Ses couronnes et ses douleurs !

Rien n'avait disparu, tout était à sa place ;
Le paysage heureux déroulait avec grâce
     Ses champs mystérieux ;
Le voyageur ému reconnaissait la plaine
Ici c'était Louis et là-bas Madeleine.
     Seuls, les hommes étaient plus vieux !

Il s'avança rêveur, et, la bouche muette,
Les anciens demandaient en secouant la tête :
   Que veut cet inconnu ?
Il chercha la maison, de tilleuls entourée,
Puis il alla frapper à sa porte sacrée,
   Et dit : me voici revenu !

III.

Seigneur, vous êtes bon, adorable et superbe,
   Vous êtes l'Eternel,
Vous êtes l'Incréé, la Puissance et le Verbe,
   Vous remplissez le Ciel.
Les astres dans leur cours suivent vos lois sublimes,
   O Maître redouté ;
Un seul de vos regards renverrait aux abîmes
   La nature et l'humanité !

Vous avez, Seigneur Dieu ! la puissance infinie;
   Le roi le plus altier
Se courbe à votre voix, et votre œuvre est bénie
   Par l'univers entier.
Vous faites la lumière au fond de l'âme humaine,
   Et l'homme a beau lutter,
Cette âme au jour d'épreuve à vos pieds le ramène
   Pour croire, adorer et chanter !

Mais auprès des lueurs vous fîtes les ténèbres,
   O Seigneur Dieu, pourquoi ?
Après les beaux soleils pourquoi les nuits funèbres,
   Le Doute après la Foi ?
Pourquoi l'indifférence au fond de nos ivresses
   Dans le cœur amolli ?
Et pourquoi faites-vous passer sur nos tendresses
   Le vent de l'inflexible oubli ?

IV.

O pauvre cerveau creux ! O pauvre cœur candide
Qui croyait retrouver comme une onde limpide
   Le reflet du passé,
Que le pur souvenir, comme une lampe sainte,
Illuminait l'absent ; la lampe était éteinte....
   Oh ! pauvre homme ! Oh ! pauvre insensé !

Ce fut un étranger qui parut à la porte.
Je veux revoir ma mère ! — Et sa mère était morte !
   Quelle lyre dira
Ce qu'il souffrit alors. La vie est éphémère ;
On peut tout oublier, tout, excepté sa mère,
   Et dans ses mains le fils pleura !

Si dans quelque maison la servante ou le maître
Lui disait vaguement, je crois vous reconnaître :
   Mais ne me souviens pas ;
On ajoutait bientôt, question importune,
Eh bien ! dans ce voyage avez-vous fait fortune ?
   On dit qu'on fait tant d'or là-bas !

Il reconnut un homme au milieu de vingt autres.
A cet ami d'enfance il dit : Je suis des vôtres,
   Je reviens de la mer.
On ne l'entendit point, on parlait de la Bourse,
De trois-six, de charbons, de chevaux et de course,
   De banque et de chemins de fer.

Il sentit le mépris lui venir et la haine ;
Ceux qu'il avait aimés, le regardant à peine,
   Ne savaient plus son nom.
La femme qui passait devait être sa femme ;
Savez-vous qui je suis ? dit-il, cherchez, madame.
   Et la femme répondit : — Non.

Ainsi qu'un matelot rejeté sur la grève,
Il marchait, recueillant les débris de son rêve,
    Frêle esquif submergé ;
Et seul, n'aimant plus rien, accablé, le front blême,
Il murmura l'adieu désespéré, suprême,
    Du mourant et du naufragé !

V.

Pionniers, chercheurs d'or, cœurs vaillants, âmes hautes ;
Disciples de Colomb, modernes Argonautes,
    Qui, sur les bords obscurs,
Semez à pleines mains l'esprit de tous les mondes,
La foudre, les éclairs, les paroles profondes,
    Et le germe des temps futurs !

Vous, qui de l'avenir construisez l'édifice,
Vous, dont la vie entière est un long sacrifice
    Offert au dieu jaloux ;
Vous, dont l'âme demeure aux lointaines patries,
Savez-vous ce qu'il faut, pauvres têtes meurtries,
    De temps pour vous oublier tous ?

Pour faire de vos noms une triste hécatombe,
Un ingrat de l'ami, de l'amour une tombe ;
    Des plus chers des passants,
Pour effacer la barque, et l'homme et le sillage,
Pour vous faire étrangers au retour du voyage,
    Hélas ! il ne faut pas dix ans !

Indian Ravine, 11 octobre 1857.

PETIT CONTE.

Un jour — ô mon enfant ! là haut chez Dieu le Père,
    Le jour n'existe pas.
La mesure du temps, ce vain point de repère,
    N'est que pour ici-bas.
Le ciel n'a pas de nuit, et le pasteur des âmes
    Dans ses palais vermeils
Pose ses pieds bénis sur les orbes de flamme
    D'un million de soleils.

Une fois, sur la terre et chez nous pauvres hommes
    D'un jour c'était la fin.
Après avoir fouillé les Paris et les Romes,
    Le Seigneur s'en revint
Pensif et fatigué s'asseoir dans les nuages,
    Sur le trône serein
Devant lequel, enfant, flamboient depuis mille âges
    Sept chandeliers d'airain.

Le Seigneur était triste, ô ma fille chérie.
    En son rude chemin,
Dans Rome, dans Madrid, dans ta douce patrie,
    Dans tout le genre humain,
Celui qui voit et sait, dans l'immense nature
    Qui semblait le braver,
Avait cherché partout une âme aimante et pure
    Sans pouvoir la trouver.

Pourtant, il avait vu sous l'or des diadèmes,
    Entourés de terreur,
Sur les sommets tonnants et presque dieux eux-mêmes,
    Le Pape et l'Empereur.
Puis il avait, quittant les puissants, les mains fortes

Et les maîtres vainqueurs,
Descendu chez le peuple, ouvert toutes les portes
Et sondé tous les cœurs.

Aussi plein de douleur, détournant de nos fêtes
Son regard irrité,
Sous les arches d'azur, au milieu des prophètes
Il était remonté ;
Et cette nuit, un ange, aux sphères éternelles
Enfant, qui le croirait !
Entendit, se cachant dans l'ombre de ses ailes,
Le Seigneur qui pleurait !

O mon enfant ! sois chaste et soumise et fidèle ;
Mets ton cœur dans tes yeux.
Sois bonne, aime ta mère et, chrétienne comme elle,
Songe au Père des cieux !
Laisse les vains méchants, laisse les vierges folles,
Dépenser leur trésor ;
Adorer les faux dieux, se créer des idoles,
Et refondre un veau d'or.

Afin que s'il venait de nouveau sur la terre,
L'invisible Seigneur,
Ouvrant pour la bénir la maison solitaire
Où j'ai laissé mon cœur,
Dans le travail sacré, dans la pauvre famille,
Allait se reposer,
Ait au moins, une fois, un front de jeune fille
A pouvoir embrasser !

Columbie Britannique, septembre 1859.

FRASER.

A A. LEFORT.

Fraser, dans la paix éternelle,
Croyait dormir à tout jamais ;
L'hiver lui faisait sentinelle
En habits blancs sur les sommets.
Il se cachait dans les nuages
Aux yeux verts des pâles visages ;
Il raillait le Sacramento,
Ce petit fleuve rachitique
Qui, plus lâche qu'un domestique,
S'avilit à porter bateau !

Farouche, il passait solitaire,
Mangeant parfois le sol voisin
Comme autrefois fit de la terre
Le vieux déluge, son cousin.
Ses flots bougons et vénérables,
Sous les sapins, sous les érables
Se déroulaient, et le géant
Avec des bruits d'artillerie
Faisait la cour à la prairie
Qui le prenait pour l'Océan.

Comme il était, plein d'humeurs mornes,
Toujours prêt à se colleter,
Les Indiens et leurs maritornes
L'avaient fait Dieu pour le flatter.
Ses ondes, fauves cavalcades,
Torrents, tourbillons et cascades
Galoppaient dans le bois obscur,

Entrouvrant leurs ailes mouillées
Et déployant dans les feuillées
Leurs panaches couleur d'azur.

Il chantait dans sa barbe verte,
Roulant de l'or dans sa chanson ;
Mais il laissa sa porte ouverte,
Et nous voici dans la maison.
C'est maintenant qu'il faut entendre
Le vieux Fraser, fleuve peu tendre,
Dans sa fureur se désoler.
En secouant ses neiges blanches
Il met ses deux poings sur ses hanches
Et gronde. Ecoutez-le parler :

— "Seigneur ! par les eaux de mes pères,
Où sont mes longs hivers pluvieux,
Mes chauds étés, mes temps prospères
Où, pur, je coulais sous vos yeux ?
Que font ces hommes des trois mondes ?
De quel droit troublent-ils mes ondes ?
N'était-ce point assez, hélas !
De ces trappeurs, vêtus en guerre,
Chassant, je ne sais pourquoi faire,
Des castors qu'ils ne valent pas ?

Où vont ces blancs, ces noirs, ces jaunes ?
Pourquoi m'imposent-ils leur loi ?
Pourquoi brûlent-ils mes vieux aulnes ?
Pourquoi font-ils des trous chez moi ?
Ils vont déblayer mes montagnes !
Ils vont emporter mes campagnes ! ....
Ces bandits ne respectent rien ;
Ils défont à grands coups de pioche
Mon lit de cailloux dans la roche,
Ce lit où je dormais si bien !

K

Pourquoi, Seigneur? Tu peux le dire :
Pour s'enrichir, pour se dorer.
Comme cela me ferait rire
Moi dont l'état est de pleurer !
Pour du sable que je méprise,
Des petits grains, que mon eau grise
Emprunte aux poches du volcan,
Dont ils se forgent des couronnes
Et dont, moi, je fais des aumônes
Aux gouffres du vert Océan.

Qu'ils prennent garde ! Je m'apprête,
Je vais bondir et déchirer.
L'eau, Seigneur, me monte à la tête ;
Je finis par m'exaspérer ;
Car le désert est mon domaine !
Je veux le mont, je veux la plaine ;
Je veux vivre seul comme un loup.
Je vaux un charbonnier, peut-être !
Comme lui chez moi je suis maître ! ..."
— Tu crois, fleuve ? Eh bien, pas du tout !

O Fraser, la nature entière
Appartient à l'homme, après Dieu :
L'idée asservit la matière
Et domine l'air et le feu ;
Enfle ta voix, roule ta lave,
O Fraser ! tu n'es qu'un esclave
Couché sous les pieds du vainqueur.
Nous sommes chétifs... tu nous railles ;
Mais nous t'ouvrirons les entrailles
Et nous t'arracherons le cœur.

Ah ! tu rugis ! dans ta colère
Ton flot combat le flot humain.
Ah ! vieux Fraser, tu veux la guerre,

Et tu nous barres le chemin !
Nous acceptons, et, sur ta grève,
Sans repos, sans merci, sans trève,
Contre toi nous lutterons tous.
A ta conquête Dieu nous pousse ;
Vois, déjà la brise est plus douce
Et le soleil est avec nous !

O vieux Fraser ! sombre rebelle,
Attends encore, attends un an :
La vapeur suivra la nacelle,
La ville effacera le camp ;
Des ponts enchaîneront tes rives,
De toi nous ferons des lessives,
Et, pour mieux encor t'affliger,
Aux froids échos de tes mélèzes
Nous apprendrons nos Marseillaises
Et les chansons de Béranger !

Victoria (Vancouver), juillet 1858.

A MON CHER ET VÉNÉRÉ MAITRE,
VICTOR HUGO.

———

Maître, hier nous voguions ; la terre était dans l'ombre ;
Les astres se miraient dans le flot large et sombre,
Et dans l'immensité de ce calme éternel
On ne voyait plus rien que la terre et le ciel.
La barque côtoyait une rive inconnue ;
Tout était triste et noir, mon cœur comme la nue,
Et la nuit confondait, en ce moment obscur,
L'océan d'émeraude à l'océan d'azur.
Les alcyons dormaient attendant la tempête,
Ignorant qu'auprès d'eux il passait un poëte,
Un ami, presque un frère, un rêveur triste et doux ;
Moi, je disais vos vers et je pensais à vous.

Maître, vous souvient-il, dans le passé que j'aime,
D'un pauvre oiseau frileux de la grande Bohême
Qui vint heurter un jour, voici déjà longtemps,
A votre porte ouverte à tous à deux battants ?
Parmi tous ces enfants, parmi tous ces élèves
Dont vous aimiez les chants, dont vous doriez les rêves,
Et qui les yeux fixés sur votre amer exil
Sont vos enfants encor, Maître, vous souvient-il
D'un d'eux, humble ouvrier à la rime boiteuse,
A la prose mal faite, empesée et honteuse,
Ecrivain de rebut voulant hanter les rois,
Bon tout au plus à faire un sot couplet grivois,
Et bâtissant sans cesse en ses humeurs risibles
Des romans inouïs et des vers impossibles ?
Celui-là c'était moi ; je suis le même encor :
Je fais des sous de cuivre avec vos louis d'or.
Maître, je ne bois plus à la source sacrée,
Je suis rogue et méchant, mon âme est déflorée ;

Je n'ai plus de chansons ni de vaillant émoi,
Et je n'ai rien gardé de chaste et grand en moi,
Si ce n'est dans mon cœur dont un côté se voile,
Un reflet, rayon pur tombé de votre étoile !

Oh ! que j'étais heureux au temps de mes amours,
Quand, chétif, sans un sou, Maître, comme toujours,
Je marchais ébauchant quelque poëme informe
Sous les tilleuls aimés de Marion Delorme !
Oh ! que j'étais heureux en ces temps d'autrefois
Quand, rêvant de parfums, de brises et de bois,
Et l'esprit emporté par les strophes joyeuses,
Je contemplais de loin vos vitres lumineuses !
Maître, vous souvient-il de ces temps de gaîtés,
De votre grand salon aux vieux meubles sculptés,
De vos tableaux chinois peints à l'orientale,
Et des grands arbres verts de la place Royale,
Et du balcon de fer fièrement ciselé
Où s'appuyait le bras de votre ange envolé,
Et de ces jours heureux de gloire et de puissance,
Et de couronnements et de sainte espérance,
De poésie intime et d'immortels écrits,
Maître, vous souvient-il de notre cher Paris ?

Paris ! reine adorée ! O Paris, ville sainte !
Qui tient un monde entier dans sa sublime enceinte,
Qui vit passer le Dante au front désespéré,
Où Corneille fut pauvre, où Molière a pleuré,
Et d'où partit un jour pour remuer la terre
Ce rire sardonique, hélas ! qui fut Voltaire.
Le vieux Paris des rois que faucha la Terreur,
Qui vit l'Europe esclave aux pieds de l'Empereur !
Ce Paris que parfois ma colère dénigre,.
Qui se couche chien vil pour se réveiller tigre ;
Mon Paris rayonnant, son tumulte, ses cris !
Ses portiques dorés, qui me rendra Paris !

Le Paris des penseurs, des peintres, des trouvères !
Le beau Paris gothique aux profondeurs sévères !
Paris qui du génie est le vaste atelier,
Paris que ses enfants ne peuvent oublier !
Le Paris glorieux à la face meurtrie,
Qui me rendra Paris ? ma mansarde fleurie
Où je vous lisais, Maître, en réchauffant mes mains
Au foyer où brûlaient quelques vieux parchemins.
Mansarde, nid posé sur la cime des ondes,
D'où j'entendais chanter les belles filles blondes
Quand l'aurore entrouvrait leurs yeux lourds de sommeil,
D'où je les voyais coudre en riant au soleil !
Belles filles, mansarde et feu de ma misère,
Qui pourra me les rendre ! Et ma mère ! ma mère !
Qui me rendra ma mère ! Ah ! quel doux vent du ciel
Ramènera mon cœur sur le cœur maternel !

Nous avons même sort, ô mon Maître, ô Poëte,
Moi parti de si bas, et vous tombé du faîte,
Nous sommes exilés, mais du moins vous avez
L'horizon du pays pour lequel vous vivez.
L'Océan vous redit tout bas de ses nouvelles,
Et vos grands souvenirs vous couvrent de leurs ailes.
Si vous êtes vaincu, si vous êtes ployé,
Votre gloire vous reste, et quoique foudroyé
Votre muse en son vol ne s'est pas arrêtée,
Et trouve encor des chants dans votre âme irritée.

Moi, j'erre malheureux, rame en main, chaîne au cou,
A travers flots et vents ; je vais je ne sais où,
Le front gris, le cœur froid, car je ne sais plus rire,
Je ne sais plus penser, je ne sais plus écrire.
Chaque nuit, pour trouver le repos désiré,
Nous allons visiter quelque hâvre ignoré ;
Les marins, en chantant, font leur feu sur la grève ;
Moi, je parle au portrait de Ketty, puis je rêve !

Je rêve, et les yeux clos, le front triste et penché
Je réveille mon père au sépulcre couché ;
Je sens passer en moi les souffles et les flammes
De mes amis partis pour le monde des âmes,
Doux compagnons éteints dans mon cercle joyeux,
Disparus jeunes d'ans, pleurés, aimés des dieux ;
Je sens la vague odeur des genêts de la Somme ;
Je revois le village où je naquis, pauvre homme ;
Je reconstruis en moi Paris et sa splendeur.
Paris, sombre Orient, la Mecque de mon cœur,
Et fils pieux, perdu sur l'Océan immense,
J'écoute tous les bruits qui viennent de la France !

Maître, vous rayonnez dans mes jours de chagrin ;
Maître, soyez béni par l'humble pèlerin,
Par ce malingre esprit qui se lamente et gronde,
Par le disciple errant aux noirs confins du monde,
Car, autre Laquedem, repoussé, mort pour tous,
Mes cinq sous de bonheur, je vous les dois à vous !

Golfe de Georgie, 1er septembre 1858.

A MADEMOISELLE ELISA PITRON !

On apporte à vos pieds couronnes et bravos !
Moi, si j'étais Shakspeare, ou monsieur Marivaux,
    Un grand homme, entre nous, madame,
Un homme qui faisait des miracles charmants,
Qui faisait dévoués presque tous les amants
    Et presque bonne chaque femme.

Si j'étais comme lui recherché du château,
Si j'avais comme lui, sous les yeux, des Watteau,
    Cette peinture sans rivale
Où l'on voit, retournant la nature à l'envers,
Des arbres bleu turquin sur des nuages verts
    Ombrageant des palais d'opale,

Je chercherais dans l'ombre un drame ciselé,
Dans le marbre idéal, ou, penseur étoilé,
    Vous choisissant parmi les belles,
Je taillerais pour vous quelque rôle emporté
Dans lequel vous pourriez en toute liberté
    Sur nos fronts secouer vos ailes.

Ou bien je vous ferais en robe à gros bouquets,
En mousseline blanche, en bavolets coquets
    Passer riante et toute charmes.
Car, tombant en rayons de votre front doré,
Vous avez les deux dons, joyaux de l'art sacré,
    Du doux rire et des bonnes larmes !

Mais ce n'est pas ma faute, hélas ! je ne suis rien,
C'est bon, je vous vois rire en disant : Je sais bien.
    Pourtant ne hochez pas la tête.

J'ai pour vous applaudir ce chant si mal écrit ;
J'ai pour vous admirer les regards de l'esprit, —
　　Pour le dire un cœur de poëte !

San Francisc, 1857.

MARIE-ANTOINETTE. — (1780.)

Qu'elle était fraîche, hélas ! lorsque vers le matin
Elle courait au bois en robe de satin,
　　Trempant dans l'eau ses mules roses ;
Respirant l'air de Dieu, le soleil, la gaîté,
Ecartant les rameaux. Charmante Majesté,
　　Qui cherchait quelques fleurs écloses !

Oh ! lorsqu'elle passait par les chemins perdus,
Au milieu des enfants, des pauvres confondus,
　　Avec sa beauté souveraine,
Rien qu'à voir son front pur et son regard charmant,
Les hommes, les enfants s'écriaient doucement :
　　C'est la reine ! ô Dieu ! c'est la reine !

Souvenir des amours ! Doux regrets du passé,
Quand le peuple courait autour d'elle empressé,
　　Baisant ses pieds, baisant la terre ;
On eût dit à la voir s'éloignant dans ces cris,
Qu'elle était de l'Olympe et se nommait Cypris
　　Et que Versaille était Cythère !

Paris, 1850.

L

SOUVENIR DE MAI.

Voici le jour, dit-elle en agrafant sa robe.
Par la fenêtre ouverte on voyait poindre l'aube ;
Un mince filet d'or aux vitres scintillait,
Et dans le grand Pueblo dont l'âme s'éveillait
Les Frascatis douteux renvoyaient leurs victimes.
Elle me dit : Allons ! et joyeux nous partîmes.

Tandis qu'elle marchait penchée à mon côté,
Laissant s'épanouir cette fleur de gaîté
Qui fait son front rieur et si doux son visage,
Moi, mes regards erraient de l'opulent corsage
Aux jolis pieds qu'une heure avant je voyais nus,
Et mon cœur, se moquant de nos hauts parvenus,
Fermant tous ses volets à la muse proscrite,
Riant de Neptunus, de sa femme Amphitrite,
Des vers lourds et du rythme ennuyeux et mâté,
Sacrifiait la lyre à la réalité.

Pour elle, elle causait. De quoi ? De mille choses.
De Powell aux maisons qui nichent dans les roses,
De la pâle lady dont l'œil froid et vitreux,
Estimait en dollars nos propos amoureux ;
De ceci, de cela, de monsieur Albuquerque,
Vice-amiral d'Espagne, et du banquier Bayerque,
Un ami ! — de Victor Hugo, de Béranger,
De l'Océan qu'un souffle irrite et fait changer,
Du ciel américain, où comparse d'un astre
Pour remplacer Phœbus on voit luire une piastre,
Puis encor de Paris, puis encor, puis toujours
De cet orbe de feu qu'on nomme les amours !

Et pensif j'écoutais parler ma Bella Done ;
Je souriais parfois en disant : Oh, Lionne !

Et je trouvais le jour moins chaud, moins radieux
Que le folâtre éclat qui brillait dans ses yeux.

Et triste d'être faible en songeant à mes frères.
— Nous sommes trois courbés sous les mêmes misères,
Trois dans ce morne exil où maudits nous passons, —
Je lui disais les vers, les sonnets, les chansons,
De la lyre d'airain, de la voix printanière,
Des mes nobles aînés Toubin et Gandonnière.

San Francisco, mai 1857.

LA RETRAITE DU FRASER.

A ARSENE BARBET.

Fraser ! nous t'acclamions naguère,
Nous te chantions dans nos refrains ;
Mais aujourd'hui voici la guerre
Que t'apportent tes pèlerins !
Dans tes ondes, d'or constellées,
Tu promis tant ! tu tins si peu !
Pour égayer nos âmes désolées,
Fraser ! Fraser ! rend-nous notre ciel bleu !

Comme un vrai brigand des Castilles,
Comme un voleur de grand chemin,
Tu prends au cou, tu déshabilles
Ceux qui vers toi tendaient la main !
Ton flot, pillant la meute folle,
Enrichit des marchands de peaux.

Pour saluer ton clinquant d'auréole,
Fraser ! Fraser ! rends-nous donc nos chapeaux !

Nous sommes nus ; pourtant il vente ;
Et notre habit qui disparaît
Ferait fuir Adam d'épouvante,
Et Madame Eve en rougirait !
Ton soleil sent geler ses flammes,
Tes déserts sont d'affreux salons.
Rhabille-nous, par respect pour les dames ;
Fraser ! Fraser ! rends-nous nos pantalons !

Nos bataillons partis en fête,
Reviennent vaincus tour à tour ;
Hélas ! et c'est une retraite
Sans trompettes et sans tambour !
Sous tes neiges, dans ton carême,
Combien déjà sont oubliés !
Pour revenir de ce Moscou suprême,
Fraser ! Fraser ! rends-nous donc nos souliers !

Combien sont morts ? — Qui sait le nombre
De ceux qui roulent dans tes flots,
De ces amis qui dans ton ombre
Nagent, fantômes matelots !
Fraser damné ! tombes funèbres,
Dont nul œil ne lira les noms,
Soyez maudits au fond de vos ténèbres.
Fraser ! Fraser ! rends-nous nos compagnons !

Murders' Bar, Fraser River, 1858.

LES BUVEURS.

Loin des parfums de la bruyère,
Loin du ciel bleu de l'infini,
Dans quelque trou de la barrière
L'esprit français refait son nid.
On le proscrit de la tribune,
On le bâillonne avec des lois,
Hélas ! ce doux esprit, cet astre des Gaulois
N'est plus qu'un clair de lune !

Verre que l'on vide et que l'on remplit,
Pour six sous comptant donne-nous le monde,
Fais-nous rois sur terre, amiraux sur l'onde !
Si tu ne peux pas, verre qu'on emplit,
Pour six sous comptant donne-nous l'oubli !

Nous avons, las de nos détresses,
Souvent rêvé des libertés,
Des républiques vengeresses,
Des glorieuses royautés !
Toujours, pour courber notre tête,
On invente quelque oripeau,
Toujours quelque pasteur pour tondre le troupeau
Surgit dans la tempête !

Le plus pauvre, dans son repaire,
Rêva les destins triomphants ;
Mais les déceptions du père
Sont l'héritage des enfants.
Blés à mûrir, farine à moudre,
Nous n'avons rien dans la moisson.
Sur la terre celui qui n'a pas de maison
N'a pas peur de la foudre !

Avec la richesse, on s'ennuie ;
La fortune, il faut la railler ;
Ses ouragans, ses jours de pluie
Passent trop haut pour nous mouiller.
Au puissant, les songes sévères,
Les grands projets, les gros chagrins ;
A nous l'insouciance et les joyeux refrains
Qu'on trouve au fond des verres !

Verre que l'on vide et que l'on remplit,
Pour six sous comptant donne-nous le monde,
Fais-nous rois sur terre, amiraux sur l'onde !
Si tu ne peux pas, verre qu'on emplit,
Pour six sous comptant donne-nous l'oubli !

LE BANQUET DE LA VIE.

Musique de J. Carnaud.

Au festin rose de la vie,
Où vous chantez heureux et forts,
Moi, pauvre homme, je me convie
Et j'invite avec moi les morts.
Ecoutez les plaintes des lyres,
Faites place aux abandonnés !
Faites place, seigneurs et sires,
Aux poëtes infortunés !

Choquez, ivres de joie,
Les coupes de vin vieux,
Mêlez velours et soie,
Vivez ! soyez joyeux !
Mais songez à nous autres,
A nous pauvres apôtres
Exilés de vos cieux !

Celui qui vient les poches vides
Dans un habit au coude usé
Fut un des écrivains splendides
Du bon vieux temps trop méprisé.
Si vous saviez quel cœur folâtre,
Cachait ce vieil habit fané !
Faites donc place à Malfilatre,
C'est un poëte infortuné !

Cet autre qui vient solitaire,
Les yeux haineux mais le cœur droit,
A payé sa dette à la terre,
Il souffrit, il eut faim et froid,
Ce vaincu dont le nom s'efface
Vécut pauvre et mourut damné.

Amis, à Gilbert faites place,
C'est un poëte infortuné !

Celui-ci mort sur son ouvrage
Fut un homme au destin fatal.
Que d'amis lui criaient : Courage !
Hélas ! il meurt à l'hôpital.
Au vieux peuple qui s'émancipe,
Flamme, esprit, il a tout donné !
Serrez-vous donc pour Hégésippe !
C'est un poëte infortuné !

Puis quand dans la fête sonore
Vous aurez assouvi leur faim,
Mes amis, serrez-vous encore
Pour les vivants, pour nous enfin !
A la table si bien servie,
A vos banquets de fleurs ornés,
Donnez le pain, donnez la vie
Aux poëtes infortunés !

LES FAUTES D'ORTHOGRAPHE.

Querellons-nous pour des vétilles ;
Crions, ameutons les passants :
Ça, vous recommencez, mes filles,
Le massacre des innocents.
Je sais que dans la rue Aumaire
Du beau style on n'a nul souci,
Mais que vous fit notre grammaire
Pour la martyriser ainsi !

— Narguons le style et les poëtes ;
Qu'ils aillent ennuyer la cour.
Les plus savants sont les plus bêtes ;
Nous voulons des S à l'amour !

C'est bon, je juge la révolte ;
De fautes, mon cœur indigné
Va faire une large récolte
Dont rougira la Sévigné.
Chiffe d'abord la plus grotesque
D'un bout de plume de dindon
Fait s'épater un K burlesque,
A la tête de Cupidon.

Voici Rose la bien apprise ;
Desgrieux en eût fait Manon.
Mais Rose, crainte de méprise,
Avec un Z écrit son nom.
Que l'amour de son beau paraphe
Signe ses lettres, bien, c'est dit :
Mais ces lettres pour l'orthographe
Sont une forêt de Bondy.

M

Passons, Ecriture superbe.
Que dit ce pathos amoureux ?
Ah ! quel égorgement du verbe
Et quels adjectifs malheureux !
J'admets l'absence d'apostrophes,
Mais voyons (soit dit entre nous,)
Pourquoi trois T dans catastrophes ?
Pourquoi deux T dans rendez-vous ?

Oui, j'adore votre sourire,
Et l'amour est aussi mon dieu ;
Mais si vous saviez mieux écrire,
Le ciel en serait-il moins bleu ?
Oui, vos couleurs sont printanières ;
Mais vous abîmez nos pronoms ;
— Bref, vous êtes des cuisinières
Et vous vous croyez des Ninons !

— Pauvre fou dont l'esprit se noie,
Ces lettres qu'efface le temps,
Jadis vous amenait la joie,
Cet hôte cher aux gais vingt ans.
Puis, retenez ce paragraphe,
Monsieur le roitelet moqueur,
Si le cœur n'a pas d'orthographe,
L'orthographe n'a pas de cœur !

Narguons le style et les poëtes,
Qu'ils aillent ennuyer la cour.
Les plus savants sont les plus bêtes ;
Nous voulons des S à l'amour !

MARINETTE.

———

Marinette ouvre de grands yeux
Qui s'effarent pleins de tristesse
Quand au palais de quelque altesse
Entrent les invités joyeux.
Du tumulte la folle éprise
S'en revient d'un pas nonchalant,
Et l'orgueilleuse enfant méprise
Sa robe à pois verts sur fond blanc !

Crois-nous, Marinette,
Ta robe est honnête,
Ton pied est petit,
Bonne Marinette,
Ton cœur si gentil !
Ça vaut mieux, ma chère,
Que ce luxe-là,
Que leur bonne chère,
Que tout leur fla-fla.
Garde ton bec rose,
Ces fiers falbalas
Ça bâille ou ça cause,
Mais ça ne rit pas !

Aimerais-tu frais et vermeil,
Brodé sur toutes les coutures,
Ce duc aux royales voitures,
Satellite du roi soleil ?
J'en suis sûr, malgré sa grandesse
Il friperait d'un doigt galant,
Mieux qu'une robe de duchesse,
Ta robe à pois vert sur fond blanc !
Crois-nous, etc.

Aimes-tu ce prêteur des rois
A qui d'or comptant bien payée,
La noblesse fut octroyée
Sur un comptoir de Quincampoix ?
Son habit, son titre et ses armes
Au peuple ont volé leur brillant ;
Elle n'a pas coûté de larmes,
Ta robe à pois verts sur fond blanc !
  Crois-nous, etc.

La grande dame au froid maintien
Qui dans ce bal est adorée,
A-t-elle en sa veine azurée
Un sang plus riche que le tien ?
Les rubis font luire une flamme
A son corset étincelant,
Mais l'Amour mettrait à sa femme
Ta robe à pois verts sur fond blanc !
  Crois-nous, etc.

Prince, marquis ou chevalier
Qu'à ses galas le roi convie,
Parfois écoutent plein d'envie
Le rire franc de l'atelier.
Laisse les grands à leur galère,
Et viens d'un vin doux pétillant
Tacher au salon populaire
Ta robe à pois verts sur fond blanc !

  Crois-nous, Marinette,
  Ta robe est honnête,
  Ton pied est petit,
  Bonne Marinette,
  Ton cœur si gentil !
  Ça vaut mieux, ma chère,

Que ce luxe-là,
Que leur bonne chère,
Que tout leur fla-fla.
Garde ton bec rose,
Ces fiers falbalas
Ça bâille ou ça cause,
Mais ça ne rit pas !

Shasta, 2 mars 1859.

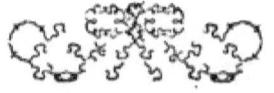

GERMINAL.

A ALMIRE GANDONNIERE.

C'est l'aube du printemps ! Les moineaux sur la branche
Chantent leurs gais couplets à l'aubépine blanche ;
Le ciel se peint d'azur, et la rosée en pleurs
Met des perles d'argent sur le velours des fleurs.
La nature revêt des splendeurs étoilées ;
L'Olympe des vieux Grecs descend des Propylées,
Et tous ses dieux frileux reprennent les chemins
Que par les jours d'hiver ils laissaient aux humains.
Le Faune au pied fourchu poursuit la Nymphe agile,
Et du fond des vallons les strophes de Virgile
Sur les ailes des vents, en sons harmonieux,
S'envolent dans les airs et s'en vont dans les cieux.
Il pleut ; mais le soleil boit le flot des ondées :
C'est l'heure des chansons, des refrains, des idées,
Et le poëte heureux, mais tout tremblant encor,
Erre foulant aux pieds les petits boutons d'or,
Ou regarde, songeur, à travers les barrières,
Les grands bœufs ruminant dans les pâles clairières.

Salut à Germinal ! c'est le mois du réveil !
Tout est gazouillement, travail, amour et joie ;
  La terre en vert manteau de soie
  Secoue enfin son lourd sommeil.
Un immense concert suit les derniers orages,
Et l'on voit s'ébaucher sous les jeunes ombrages
  Les grands poëmes du soleil !

C'est l'instant de quitter les villes étouffées ;
Les vagabonds s'en vont dans les pays des fées,

J'en suis, je cours comme eux, j'aime les champs : Mais toi,
Ami, que fais-tu donc, et quel grenier, quel toit
Abritent loin de tous dans leur vague pénombre
Ta poésie hautaine et triste et ton vers sombre ?
Es-tu devenu riche, as-tu donc, compagnon,
Comme un bourgeois flamand girouette et pignon
Sur la rue ? ou d'un prince ou bien d'un gentilhomme
Serais-tu devenu, par hasard, majordome ?
Serais-tu président à mortier ! — Seigneur Dieu,
Ne rions pas, mon cher, des choses de haut lieu !
Ou, soupçon dont mon cœur dans le tien se délivre,
Serais-tu devenu rentier sur le Grand-Livre ?
Le ciel t'aurait-il fait marquis de Carabas ?
Aurais-tu rencontré le chat botté là-bas ?
Aurais-tu des jardins, un carrosse, une terre
Où tu promènerais ton ennui solitaire ?
D'un coffre-fort ventru garderais-tu, jaloux,
Les florins hollandais, les doublons andalous !
Serais-tu sénateur et tout parfumé d'ambre,
Hanterais-tu, mon cher, la royale antichambre
Comme le grand Boileau, le magister chéri
Des eunuques du style, — ou monsieur Scudéry,
Que je ne te vois pas sur l'herbe qui verdoie
Dans l'azur lumineux qui rayonne et poudroie,
Et qu'ainsi que sœur Anne au sommet de la tour,
Je ne vois rien venir des pays d'alentour ?

   Si tu savais ! on voit les filles
   Passer accortes et gentilles,
   Les yeux brillants, le front béni.
   Le mont parle au bois magnifique,
   Et les oiseaux font en musique
   La critique de Rossini !
   En bas, tout est amour et fête.
   La fleur dit bonjour au poëte,

Le Seigneur lui sourit là-haut,
Et loin des chasseurs et des aigles
Il entend chanter dans les seigles
L'alouette de Roméo !

Ami, que n'es-tu là ! Nous causerions ensemble
Assis paisiblement sous le saule qui tremble,
Pauvres ainsi que Job ou que maître Villon
— Un chenapan d'esprit ayant fort grand renom —
Les deux coudes troués et les poches muettes,
Comme il convient, mon cher, aux poches des poëtes ;
Riches pourtant ! car mont, fleuve, val ou ravin,
La nature est à nous, c'est notre droit divin !
Dégageant le passé de sa noire enveloppe,
Nous causerions, ami, de notre vieille Europe,
Noble terre où les arts au sourire éternel
Font de notre pays le portique du ciel ;
Puis du berceau gaulois qui tous deux nous vit naître,
Et que nous reverrons — n'ajoute pas : peut-être ! —
Foyers que nos aïeux de leur sang ont payés,
Et qui pour nous, vivants, aux noms déjà rayés
Gardent malgré le flot des oublis éphémères
Nos plus pures amours et les os de nos mères.
Puis, détournant nos yeux des autels renversés,
Jonchant de leurs débris les jours de nos passés,
En songeant aux Etats dont nous sommes les hôtes,
Etats où tout grandit, le progrès et les fautes,
Où, comme dit Régnier en beaux vers trop peu lus,
L'honneur est un vieux saint que l'on ne chôme plus ;
Où monsieur Buchanan, ce républicain louche,
Fait de la politique à l'instar de Cartouche,
Nous fuirions ces marchands gonflés et dédaigneux,
Caisse pleine, cœur vide, et qui n'ont plus en eux
De baisers pour l'enfant, de respect pour les tombes.
Nous nous éprendrions d'amour pour les colombes,

Pour les pinsons bavards, orchestre du flâneur,
Pour les moutons dodus que peint Rosa Bonheur ;
Et jaloux des concerts que donnent les fauvettes,
Nous pleurerions, mon cher, de n'être pas plus bêtes !

French Gulch (Shasta county), 19 mars 1859.

N

VESPER.

A M. L. COUAILHAC.

Quelque chose de grand s'étend sur la nature,
C'est la nuit !
        Un grand souffle efface la sculpture ;
Le jour bleu disparaît submergé dans le soir.
A l'Orient les monts estompent le ciel noir.
Tout est muet : pourtant le désert et la tombe,
Le silence qui monte et la brume qui tombe
Ont des voix et des chants, des chœurs mystérieux,
Des sanglots déchirants et des accents joyeux ;
Frémissements d'un luth qui chante solitaire,
Plainte qui sort du fond de l'âme de la terre,
Et que, triste et courbé sous les sombres ennuis,
Le vieux maître Albert Dure entendait dans ses nuits.
Un rayon court encor sur les sierras hautaines
Et s'éteint lentement dans des splendeurs lointaines
Comme un rire d'adieu, rose, ardent et vermeil
Qui tombe en diamants des lèvres du soleil ;
Et là-haut dans le ciel et voguant sur le monde,
Constellant de l'Ether la majesté profonde,
Amenant avec elle au grand esclave humain
Le souvenir d'hier et l'oubli de demain,
Comme un phare allumé sur le bord de la grève,
Sur la cîme des monts une étoile se lève !

Cet astre qu'autrefois, heureux, j'ai regardé,
Assis à ma fenêtre et morose, accoudé,
Aujourd'hui le cœur vide et l'âme endolorie
Je le vois se lever sur une autre patrie,
Toujours éblouissant, toujours gai, toujours pur,

Comme un point d'or cloué sur un rideau d'azur.
J'ai vieilli, j'ai saigné, toujours gueux et bohême ;
L'astre dans sa nuée est encore le même
Et passe chaque soir tendant sa voile en feu,
Comme un vaisseau qui va sous la garde de Dieu !

Aux jours de ma jeunesse, aux époques prospères
Où je jouais enfant, au foyer de mes pères ;
A l'heure où du clocher que je ne verrai plus
Tombaient les carillons des derniers angelus ;
A cette heure où la nuit se lève et se déploie ;
Dans les grands peupliers au feuillage de soie
Quand Vesper souriait étoilant l'horizon,
Les enfants s'asseyaient au seuil de ma maison,
Aux pieds d'un vieux soldat, légendaire homérique
Des combats de l'Empire et de la République,
Et, graves, écoutaient les sublimes récits
Des temps où l'on mourait pour sauver le pays !

L'humble soldat était mon parent et mon maître,
Et, comme les petits, j'écoutais le vieux reître.
Sa parole était brève et ses mots peu brillants ;
Mais à quoi bon le style avec des cheveux blancs,
Et puis, vous le savez, l'enfance aime la gloire.
Lorsqu'on frappe pour elle aux portes de l'histoire,
Il ne faut que toucher à des noms triomphants
Pour les graver en creux dans le cœur des enfants.

Le vieux républicain était fils de la blouse :
C'était un paysan qu'en l'an quatre-vingt-douze
Fit libre en un moment et fit homme en un jour
L'appel désespéré que battait le tambour.
Il éveillait en nous la fierté plébéienne ;
Il nous montrait du doigt Bonaparte à Brienne,
Et le voyait passer dans son esprit navré

Comme un homme fatal et pourtant adoré.
Nous suivions avec lui dans la poudre et les balles,
Aux feux de l'incendie, au bruit des générales,
Le pâle capitaine au geste souverain ;
Les habits bleus marchaient tenant les coqs d'airain,
Nous montions à l'assaut avec la meute altière ;
Nos drapeaux déchirés couvraient la terre entière.
O France, nous t'aimions en bégayant les noms
Que jetait en grondant la voix de tes canons
Quand le vieux lansquenet de l'an quatre-vingt-treize
Chantait en chevrotant la rude Marseillaise.
Enfants, nous disait-il, c'était nos plus grands jours,
Les lions révoltés dévoraient les vautours. —
Et nous applaudissions, les regards pleins de larmes,
A la Liberté sainte, à la France, à ses armes,
A tous ces généraux, paysans comme nous ;
Et près de ce vainqueur, en pliant les genoux
Nous ouvrions notre âme à ces flammes austères
Qui sortent des tombeaux des mânes militaires.

Plus tard, je vis encor l'étoile se lever.
Alors, j'avais vingt ans, c'est l'heure de rêver ;
L'heure où la bouche rose aime la tête blonde,
L'heure où l'on n'est que deux à vivre dans le monde ;
C'est l'heure où le cœur chante en souriant au jour
Cette strophe de feu qu'on appelle l'Amour.
Alors, dans ce temps-là, comme vous, comme d'autres,
De monseigneur Eros, j'étais l'un des apôtres ;
J'étais bête et jaloux comme tous les amants,
Et je faisais des vers que je croyais charmants.

Enfance au rire frais, vingt ans, belles années
Tourbillonnant dans l'ombre au vent des destinées,
Feuillets que la tourmente emporte déchirés,
Souvenirs de mon cœur adorés et pleurés,

Jours perdus que le sage appelle une carrière,
Pour vous revoir encor, je regarde en arrière,
Car vous êtes fini, pauvre texte effacé,
Vous n'êtes plus qu'un mot, vous êtes le passé !

Œil ouvert sur l'exil, étoile, sois bénie !
J'ai voulu le bonheur, j'ai rêvé le génie ;
Rien n'est venu pour moi, rimeur abandonné,
Ni l'hôte souriant, ni l'hôte couronné.
Mais je t'aime en ton ciel, étoile radieuse,
Toi qui me rends l'enfance alerte et studieuse,
Les chansons dans les blés et les nids dans les bois,
Ces temps dont l'homme vieux dit : C'était autrefois !
Je t'aime, car tu viens de la terre fleurie ;
Tu brillais tout à l'heure au ciel de ma patrie ;
Peut-être quelque ami saluait ta clarté,
Tes rayons scintillaient sur Paris enchanté
Et tombaient, dédaignés de la foule éphémère,
Sur la tombe oubliée où repose ma mère !

Callahan's Ranch (Californie), 15 février 1859.

GUERRE !

Les clairons ont sonné la chanson des batailles,
Et les vieux régiments par leur souffle emportés,
Au bruit des lourds canons ébranlant les murailles,
Passent comme un flot rouge au sein de nos cités.
Dans les cœurs agités monte une sombre ivresse ;
Et sur les horizons encor mystérieux,
La guerre aux yeux brûlants, formidable déesse,
    ·   Ouvre ses ailes dans les cieux !

      Leur ombre va couvrir la terre !
      Salut à nos drapeaux sacrés,
      Portant dans leurs plis déchirés
      Notre fortune militaire !

La carrière est ouverte et le peuple s'élance
Du fond de la chaumière et du fond des palais ;
Il écrit son histoire avec un fer de lance ;
Il veut des bulletins signés par des boulets.
Pour forger son armure on chauffe la fournaise,
Et le bruit des mousquets retentit nuit et jour ;
Voici l'heure ! il est temps que le métier se taise
      Laissant la parole au tambour !

Oui, c'est l'heure ! elle sonne à l'horloge de bronze !
Voici les noirs vautours se déchirant entre eux ;
Et les tigres royaux de l'an quatre-vingt-onze ;
Ces rois que balayaient nos vaillants habits bleus !
Quoi ! nous nous courberions sous le joug de ces maîtres !
On nous imposerait des traités disparus !
Non, conscrits ! en avant ! nous avons pour ancêtres
      Les grands vétérans de Fleurus !

Oh ! que cet humble chant soit un chant d'espérance,
Un hymne de concorde et du peuple redit.
Qu'importe le drapeau si nous servons la France !
La cocarde n'est rien si le front resplendit.
Une époque va naître, elle est à son aurore,
Le sang qui va couler, l'Europe le paiera.
L'esprit est prisonnier, mais le canon sonore,
   Mieux que la lyre parlera !

Nos pères ont grandi dans le bruit des tempêtes,
Se cabrant sous le mors, grondant, rongeant leur frein ;
Nous aussi nous aurons nos martyrs et nos fêtes,
Notre arche triomphale et nos tables d'airain.
Heureux ceux qui mourront dans un jour de victoire :
Les licteurs devant eux porteront les faisceaux,
Et leurs ombres iront dans le temple où la gloire
   Veille à la porte des tombeaux !

   Leur ombre va couvrir la terre !
   Salut à nos drapeaux sacrés
   Portant dans leurs plis déchirés,
   Notre fortune militaire !

Callahan's Ranch, mai 1859.

LES DEUX VOIX.

A L'EMPEREUR.

— Pourquoi ne prends-tu pas ta part de la victoire ?
Pourquoi donc rester sourd à l'appel du combat ?
Le poëte est l'écho qui redit à l'histoire
Le râle du tyran qu'on tue ou qu'on abat.
Quoi ! l'univers entiers s'enivre de la poudre,
L'olympique laurier refleurit sous nos pas,
Le tocsin des clochers répond aux coups de foudre,
        Et les lyres ne parlent pas !

        — Hélas ! la lyre doit se taire
        Quand le sang coule tous les jours,
        Quand notre France emplit la terre
        Du roulement de ses tambours.
        D'ailleurs huit ans, huit ans à peine !
        Ont passé sur l'horrible haine
        Vouée au jour si détesté,
        Et dans leur lointain gris et sombre,
        Comme autrefois j'entends dans l'ombre
        Le râle de la Liberté !

— Toujours la Liberté ! toujours ces pâles rêves
Des vieux républicains et des jeunes Brutus !
Préférer le bâton du pasteur à nos glaives,
Et repoussant Sylla choisir Cincinnatus !
Le Lion s'est levé, sa superbe colère
Ne retrouve en tes chants que le dédain moqueur.
N'est-ce donc pas assez que le grand Populaire
        Batte des mains pour le vainqueur ?

—Hélas ! les fils de ma patrie
Portent aux peuples malheureux
Dans leurs caissons d'artillerie
Ce qu'ils ne gardent pas pour eux !
La liberté dont on se raille,
Va naître au feu de la bataille,
Et dans nos foyers glorieux
Un dur talon brise son aile,
Et son De Profundis se mêle
Au Te Deum victorieux !

—Va ! le temps qui peut tout pansera tes blessures ;
Un jour, la Liberté reviendra parmi nous ;
Ne mêle pas tes cris aux immondes morsures
Des renards impuissants et des bassets jaloux.
César grandit toujours, mais le Seigneur le mène.
Incline-toi, poëte, en ton cœur irrité ;
Les rois vivent longtemps, mais leur vie est humaine ;
     Les peuples ont l'éternité !

—Hélas ! toute heure est fugitive ;
L'éternité que tu promets,
On l'avait promise à Ninive,
Et Ninive est morte à jamais !
N'est-ce donc pas assez d'épreuves,
Assez d'orphelins et de veuves ?
N'avons-nous pas assez saigné !
Pourquoi toujours dire : Espérance !
Et pourquoi reprendre à la France
Ce que nos pères ont gagné !

—Poëte, incline-toi ! les heures solennelles
Vont sonner aux beffrois des peuples révoltés !
Un ouragan descend des neiges éternelles ;
Un ouragan mugit dans le fond des cités !
On fourbit des mousquets dans le castel gothique,

Et l'on entend rouler en lugubres éclats
Des Alpes d'Annibal au lac Adriatique,
  Le pas de charge des soldats !

  — Oh ! que Dieu veille sur nos armes
  Et qu'il nous fasse triomphants !
  Qu'il bénisse les saintes larmes
  Des mères pleurant leurs enfants !
  Qu'il garde l'empereur auguste,
  Le César taciturne et juste ;
  Mais pourquoi ce maître des camps
  Nous fait-il courber notre épaule ?
  Et pourquoi met-il à la Gaule
  La chaîne qu'il ôte aux Toscans !

— C'est que l'aigle accomplit, dans la nuit de son aire,
L'œuvre immense du ciel, la promesse des dieux ;
Qu'il couve patient dans l'ombre ou le tonnerre
Cet œuf dont surgira l'avenir radieux !
Laisse faire le temps, et la foule guidée
Quittera les sentiers de la boiteuse erreur,
Et marche avec nous tous. Le chaud soleil Idée
  A rayonné sur l'empereur !

  Oh ! que Dieu garde notre France !
  Qu'il conduise ses bataillons !
  Nous avons semé la souffrance
  Dans le passé, mornes sillons !
  Que le Seigneur souffle sa flamme
  Sur César, qu'il brûle son âme
  Aux feux sacrés de son flambeau !
  Qu'il allume l'ivresse ardente
  Dans le pays où mourut Dante
  Et qu'il délivre son tombeau !

Puisqu'un pacte sacré te lie
A ton aïeule l'Italie,
Vieille France des chevaliers !
Sous ton pied qui foule les trônes,
Brise les sceptres, les couronnes,
Les menottes et les colliers !
Alors nous oublierons peut-être
Le sang perdu, les maux soufferts, —
— Et qu'aussi nous avons un maître
Qui n'ose plus briser tes fers !

Callahans' Ranch (Californie), 27 juillet 1859.

APRES UNE BATAILLE.

Est-ce bien le canon qui tonne aux Invalides ?
Salue-t-il le génie ou l'immonde hasard ?
Quel souffle a donc passé sous ces voûtes splendides ?
Sépulcre de Turenne, Olympe de César,

O noirs canons conquis, pourquoi troublez-vous l'antre
Où dorment nos lions ? et quel événement,
Transportant les faubourgs, vous met la flamme au ventre
Et jette sur Paris votre fier grondement ?

Vous qui depuis vingt ans vous taisiez sous la honte,
Bronze resté muet pour demeurer loyal ;
Pourquoi soulevez-vous le flot humain qui monte
Et de sa houle bat le portique royal ?

Est-il né quelque prince au vieux Jacques Bonhomme,
Va-t-il encor bercer, comme il fit autrefois,
Quelque héritier chétif ou quelque roi de Rome
En des langes dorés comme il en faut aux rois ?

Oh non ! vous rugissez comme la meute ardente
A l'âcre odeur du sang, au choc des escadrons ;
Et vous êtes la voix qui proclame et qui chante
Le bulletin vainqueur que demain nous lirons !

Scott Valley, juillet 1859.

A UNE MERE.

Oui, je sais qu'il est mort, qu'il est mort avant l'heure ;
Qu'un cyprès est au front un poids sinistre et lourd.
Oui, je sais qu'il est bien qu'une mère qui pleure
Ne vienne pas s'asseoir au banquet du retour.

Oui, je sais qu'à ton seuil notre allégresse expire,
Que tu n'as que sanglots et douleur pour l'autel,
Et que rien ne peut rendre, hélas ! le doux sourire
A celle dont l'enfant dort du sommeil mortel !

Pauvre mère, je sais l'amertume profonde
Qui s'élève en ton âme aux chansons du vainqueur,
Et que tous nos lauriers et que la paix du monde
Ne rendront pas la paix ni la joie à ton cœur.

Mais regarde passer les aigles de la garde,
Les conscrits étoilés et les vieux généraux,
Le tambour bat aux champs, pauvre mère, regarde
Cette France qui suit le cercueil des héros ;

Et relevant les yeux et dévorant tes larmes,
Viens dans l'asile auguste où sont nos morts pleurés,
Lire de ton enfant le nom et les faits d'armes
Sur le marbre éternel des panthéons sacrés !

Scott Valley, 2 aout 1859.

RIEN N'EST FINI !

César a fait rentrer ses superbes molosses,
    Sanglants, tout hérissés encor,
Et la victoire altière étend sur ces colosses
    Ses deux ailes de pourpre et d'or.
Un tourbillon de fer chantant des Marseillaises
    Remplit Paris, raillant les rois
Qui restent effarés aux frontières françaises
    Tremblant dans leurs lâches effrois.

Sur le Rhin qui devait engloutir notre France,
    Sur le fleuve des trahisons
Un mystérieux souffle a semé l'espérance,
    Ses hymnes tournent en chansons.
Monsieur de Brandebourg, sans guerre et sans campagne
    Et sans dépenser un écu,
Parodiera César devant son Allemagne
    En narguant vainqueur et vaincu.

Chantez ! mais dominant tous vos chants d'allégresse.
    O chevaliers des trois couleurs,
Sinistres et poignants dans votre pâle ivresse,
    O Teutons vantards et trembleurs,
Deux cris se mêleront lamentables et sombres
    Pour troubler le monde endormi :
C'est la voix de Manin qui pleure dans les ombres,
    Et c'est Venise qui gémit !

C'est bien ! mais attendons que de nouveaux tonnerres
    Grondent pour un nouveau réveil ;
Attendons que notre aigle ait aiguisé ses serres,
    Attendons un autre soleil !

Et nous verrons enfin, comme une étoile monte,
    Se lever le grand lendemain,
Jour d'orgueil dont pendant plus de mille ans de honte
    Se souviendra le genre humain !

Callahan's Ranch (Californie), 18 aout 1859.

SUR LA ROUTE.

———

Un talus sur la route, — une ligne : il est mort.
Chapeaux bas, compagnons, c'est un mineur qui dort.

D'où venait-il ? Qui sait ? et puis qu'importe en somme ;
On nous a dit là-bas que c'était un jeune homme.
Qu'il soit parti d'Irlande ou du pays germain,
Ce n'est plus qu'une étape au milieu du chemin,
Pauvre corps oublié sous l'arbre qui frissonne.
Qui donc viendra pleurer sous cet arbre ? — Personne

Oh ! si pesant que soit le rocher, marbre sourd,
L'oubli, ce simple mot, doit être encor plus lourd !

Peut-être ce jeune homme avait-il une mère,
Un amour, des amis, quelque douce chimère,
Quelque vaillant projet que Dieu devait bénir ;
Peut-être voulait-il sa part de l'avenir ?
Songes d'amour, projet, espérance obstinée,
Calculs des froides nuits, labeur de la journée,
Tout ce qu'un cerveau d'homme enferme de viril,
La mort a tout éteint, et la mort de l'exil ;
Tout a roulé d'un coup au fond du même abîme.

Car tout marche au néant : le travail et le crime,
Tout vient aboutir là : c'est le gouffre fatal,
Et le destin placé sur le noir piédestal,
Quand chacun arrivant à ce but redoutable,
Regarde épouvanté, d'un bras inexorable,
Le destin saisit tout, l'enfant blond et vermeil,
Le savant qui marchait les yeux sur le soleil,
Le prince et le soldat, la brute et l'homme illustre,
L'œuvre de l'empereur et la tâche du rustre,

Et jette sans choisir livre, épée ou flambeau,
Et, morne fossoyeur, veille sur le tombeau.

Mais quand la mort vient décharnée
Ouvrir la porte condamnée
Et mettre un crêpe à l'horizon ;
Qu'elle attache aux lugubres branches
Son drap semé de larmes blanches
Sur la face d'une maison ;

Celui qui s'en va sous son aile,
S'il meurt à l'ombre maternelle,
S'en va pleuré par ses amours :
Il dort sous un tapis de mousse,
Et comme une fleur fraîche et douce,
Son souvenir fleurit toujours.

Pour nous, pauvres mineurs, la mort est plus mauvaise.
Quand la fièvre nous tord, quand l'ardente fournaise
Fait sortir des marais ce fléau monstrueux,
Qui nous couche raidis sur nos lits douloureux,
Nous partons délaissés et dédaignés peut-être ;
Nous montons attristés vers le souverain Maître,
Vers ce Père de tous que l'homme appelle Dieu,
Sans la dernière larme et le dernier adieu.

Oh ! noir sépulcre de la mine,
Tombeau creusé dans la colline,
Le passant s'arrête abattu
Au seuil du funèbre royaume,
Et ce passant dit au fantôme :
O jeune homme, d'où venais-tu ?

Quel est ton ciel, quelle est ta mère ?
Viens-tu du nord, contrée amère,
Viens-tu du pays de l'éclair ?

P

Sur quelle terre bien-aimée
S'élève la blonde fumée
Qui sort de ton foyer désert ?

O compagnon, tu viens peut-être
Des champs ombreux qui m'ont vu naître,
Apporté par le même flux ;
Et là-bas, une fiancée
Peut-être attend, l'âme oppressée,
Celui qui ne reviendra plus !

O jeune homme inconnu, tu dors sous les broussailles.
Nul ami n'a suivi tes humbles funérailles ;
Tu venais de si loin, pauvre et courageux fou.
Deux étrangers t'ont pris et jeté dans ce trou,
Ils ont mis avec toi le secret de ton âme,
Le nom de ta patrie ou celui de ta femme ;
Et nous ne savons rien de tes jours dépensés
Au comptoir du destin en sous vert-de-grisés ;
Ni quel était le but que voulait ton courage :
Au bord de ce chemin ta vie a fait naufrage.

Dors en paix, compagnons, spectre mystérieux ;
Atôme que le vent a repris pour les cieux.
Qui sait si quelque jour, nous couchant côte à côte,
La mort ne fera pas de toi mon dernier hôte ?
Et qui sait, après tout, si les regrets menteurs,
Ces regrets qu'un seul jour efface de nos cœurs,
Valent pour le trépas la chanson des feuillées
Que la bise murmure aux ombres oubliées ?

Callahan's Ranch (Californie), 12 octobre 1860.

A CINQ ANS.

———

Un jour, jour d'été, loin des maisonnettes
Du village aimé, notre humble univers,
Nous allions, chantant comme deux fauvettes
Dans les bois touffus, dans les pâtis verts.

Nous avions cinq ans ; ma sœur la première
Marchait gravement, je suivais joyeux
Et je regardais jouer la lumière
Dans ses cheveux noirs qui paraissaient bleus.

Le soleil brodant des guipures d'ombre
Lui méttait au cou de riches colliers,
Et faisait tomber du feuillage sombre
Des poussières d'or sur ses petits pieds.

A cet âge heureux, il fait bon de vivre :
Nous allions, causant comme font les vieux,
Effarant de loin les lézards de cuivre
Et les moineaux gris, ces bandits des cieux.

Et nous querellions en hochant la tête,
En prenant des airs importants et beaux,
A qui de nous deux aurait à la fête
Les plus fins habits, les plus grands sabots.

Quand tu seras grand, me dit mon aînée,
Seras-tu soldat ? j'aime les tambours ;
Ou bien liras-tu toute la journée
Comme le curé qui grogne toujours ?

— Quand je serai grand, je ne lirai guère,
Je voyagerai par tout le pays,

J'aurai des canons, je ferai la guerre
Comme l'empereur qui règne à Paris.

Je ferai le tour de la mer profonde
Sur un grand vaisseau de vieux chêne et d'or.
Rome, a dit grand-mère, est au bout du monde,
J'irai jusqu'à Rome et plus loin encor.

Sais-tu ce que c'est qu'une longue lieue ?
J'en ferais cinq cents. C'est bien loin, vois-tu !
J'irai voir la tour de la Barbe-Bleue
Et les deux dragons qui l'ont tant battu !

Puis, je reviendrai, mais riche, je pense ;
Je n'aurai plus peur du chaud ni du froid ;
Grand-mère sera la reine de France,
Et j'aurai des sous comme en a le roi !

Ma sœur m'écoutait moqueuse et superbe,
Egrenant gaîment son rire argentin
Pareil aux chansons qui montent de l'herbe
Quand le nid d'oiseaux s'éveille au matin.

Eh bien ! moi, dit-elle à la pauvre plaine,
Je serai fidèle et je n'irai pas
Dans un grand vaisseau d'or et de vieux chêne
Sur l'Océan vert que l'on voit là-bas.

Quand j'aurai vingt ans, comme la marquise
Peinte au vieux dossier du fauteuil cassé,
J'aurai des paniers, des jupes cerise
Et de gros moutons un troupeau frisé.

Quand tu seras vieux, moi, je serai femme ;
J'aurai soin des blés qui seront à toi.

Je te pleurerai de toute mon âme
Et je prierai Dieu qu'il te fasse roi.

Puis à ton retour des îles désertes,
Tu m'apporteras des perroquets gris,
Des perles d'acier, des galoches vertes
Et des diamants qu'on fait à Paris.

O petite sœur ! à cinq ans, nos rêves
Séparaient déjà nos jours à venir :
Je suis seul errant sur toutes les grèves,
Et ton nom n'est plus qu'un cher souvenir.

Que suis-je ? je vis, prose dédaignée ;
Avec les soleils, tu cours dans l'azur ;
Tandis qu'ici-bas la noire araignée
File sur ta croix qui s'abrite au mur.

Pauvre esquif perdu, je vais au naufrage ;
Mon cœur a tiré le canon d'adieu.
Mais je n'ai pas fait le plus long voyage
Et je ne suis pas arrivé chez Dieu.

Callahan (Californie), 1er mars 1860.

NORD ET SUD.

A MON AMI, LE POETE GANDONNIERE.

Oh ! quand sur nos palais, sur nos toits, dans les airs,
Avec des bruits de foudre et des lueurs d'éclairs,
    Victorieuse mélopée,
Passe un souffle d'airain, sanglot du noir cercueil,
Hymne immense d'amour, de tristesse et d'orgueil
    Que le canon chante à l'épée !

Oh ! quand nos régiments, au pas accéléré,
Le front nu, la main noire et l'habit déchiré,
    Vengeurs des défaites fatales,
Culbutent les Césars d'épouvante saisis,
Et font sauter à coups de crosses de fusils
    Les serrures des capitales !

Quand sur les horizons des vieux peuples romains,
Notre France superbe, en ouvrant les deux mains,
    Lâche un vol de gloires nouvelles ;
Qu'elle dresse à ses fils la pourpre des pavois,
Et que sur les chemins qui vont chez tous les rois
    Ses aigles d'or ouvrent leurs ailes !

Il est bien d'acclamer ceux que nous admirons ;
D'ajouter à nos chants des notes de clairons
    Pour ceux qui triomphaient naguère :
Poëtes oubliés dont on dit : Qui sont-ils ?
De faire dans les vers datés de nos exils
    Sonner des fanfares de guerre !

Ah! frère! applaudissons aux trépas des grands jours,
A ces rappels altiers que battent nos tambours
  Pour des franchises éphémères !
Mais ne descendons pas dans les troubles civils,
Qui font les uns petits, qui font les autres vils ;
  — Hélas ! qui font pleurer les mères !

Ah ! du moins, quand chez nous quelque lutte surgit,
Quand le tocsin rebelle et sinistre rugit
  Dans les villes barricadées ;
Quel que soit le vaincu, quel que soit le plus fort,
Le penseur, dans le sang, peut ramasser encor
  Quelque chose pour les idées !

Mais, ô poëte, ici, c'est la guerre du Mal.
De ces Carthaginois qui n'ont pas d'Annibal,
  Plaignons, plaignons les destinées ;
Mais n'allons pas mêler les odes du vainqueur
Aux cris de ces marchands qui font battre à leur cœur
  Le pas de charge des guinées !

Callahan's Ranch (Californie), 10 mai 1861.

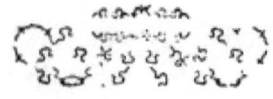

FEUILLES D'UN LIVRE DES MINES.

———

I.

Aux romans joyeux des folles journées,
Aux sonnets émus du premier amour,
A tous mes bouquets, pauvres fleurs fanées,
J'ai fermé mon cœur sous un triple tour ;
Et comme un marchand que l'orage emporte
En quittant le seuil qu'envahit la nuit,
J'ai fait banqueroute, et, tout comme lui,
En partant j'ai mis la clé sous la porte.

C'est le vent d'hiver, le vent nébuleux
Qui souffle sur moi, pauvre oiseau frileux !

Vers quel but nouveau mon âme ira-t-elle ?
Pour quel astre aimé, sous quel firmament
Ira-t-elle enfin, lasse et traînant l'aile,
Rimer les sonnets du dernier roman ?
Sur mon cœur fermé, logis monotone,
Quels yeux verseront leur douce clarté ?
Quel sourire ami rendra la gaîté
Des jours printaniers à mes jours d'automne ?

C'est le vent d'hiver, le vent nébuleux
Qui souffle sur moi, pauvre oiseau frileux !

Qui donc rouvrira cette porte close ? .
Quel roman joyeux chez l'abandonné
Fera refleurir son bouquet rose
Dans le verre où meurt le bouquet fané ?
O dernier amour ! O première ride !
Mon dernier sonnet est déjà rimé,

Mes bouquets flétris et mon cœur fermé,
Et l'écriteau reste à la maison vide !

C'est le vent d'hiver, le vent nébuleux
Qui souffle sur moi, pauvre oiseau frileux !

Main Stream, 1er aout 1861.

II.

Oh ! c'est bien l'automne, équinoxe sombre
Qui fait tout tomber, tout tomber en moi.
L'arbre est défloré, l'esprit est dans l'ombre ;
Charbon qui s'éteint, le cœur devient froid.
Mon âme est brumeuse, et de mes feuillées
Mes chansons s'en vont sous un ciel meilleur
Sécher au soleil leurs ailes mouillées ;
Oh ! j'ai bien l'automne au fond de mon cœur !

Oh ! la laide époque ! oh ! le temps maussade !
Le vent fait gémir mes carreaux tremblants ;
Le ciel m'apparaît à travers l'arcade
Comme un rideau noir sous des piliers blancs.
Vers le doute obscur, vers l'incertitude
Je m'en vais boitant, hésitant, peureux,
Et je vois passer de ma solitude
L'humble corbillard de mes jours heureux.

Et dire qu'hier je croyais encore
Aux printemps en fleurs, aux joyeux étés,
A l'aube azurée, à la pâle aurore,
Aux rayonnements, aux sérénités !
Adieu sentiers verts ! adieu voix ailées !
Le brouillard s'étend sur mes points du jour,

Q

Et je n'entends plus sonner les volées
Du gai carillon des fêtes d'amour !

Pourtant, va toujours ! la route est mauvaise ;
Va, pêcheur de vers, finis ta chanson !
Qui sait quel vallon suivra ta falaise
Et ce qui t'attend sous l'autre horizon ?
Si le pain est dur et la gloire chère,
Poëte, il te reste au bout du chemin
Une place...—et c'est la porte cochère
Où l'aveugle chante en tendant la main !

4 aout 1861.

III.

MATINÉE CALIFORNIENNE.

Mille bruits sortaient des buissons sonores ;
Les buissons chantaient une ode au ciel bleu ;
Le ciel bleu riait à la rose aurore,
Et Phœbus ouvrait son portail de feu.
Oh ! le gai printemps, fleur de la jeunesse !
Il volait dans l'air un parfum d'ivresse,
Et du bord des mers aux sommets brûlants
Tout ce que Dieu fit, couleur et sculpture,
La vie entonnait l'hymne à la nature
Dont tous les couplets ont quatre mille ans !

Phœbé, la déesse au regard de marbre,
S'en allait pensive au Nord ténébreux ;
Au vent matinal, il pleuvait de l'arbre
Des gazouillements d'oiseaux amoureux.
Oh ! le gai beau jour ! c'était un dimanche ;

La Sierra mettait sur sa robe blanche
Une écharpe d'or et de diamants,
Et quelque Tircis, au fond des clairières,
Menait les moutons d'une Deshoulières,
Et sifflait au bois de vieux airs charmants.

La porte s'ouvrit, et puis la fenêtre ;
Une belle fille y vint et s'assit.
Un rimeur passait ; en voyant paraître
La fille aux yeux bleus, le rimeur sourit.
Oh ! le gai visage ! où volait son âme ?
A qui songeait donc la mignonne femme ?
Etait-ce au poëte ? au fermier voisin ?
Les poëtes sont la vanité même.
A qui son regard disait-il : **Je** t'aime !
Et quel doux penser agitait son sein ?

Un instant après, dans l'allée ombreuse,
Le poëte vit l'enfant au front pur ;
Penchée ou debout, riante ou songeuse,
Il suivait ce front étoilé d'azur.
Oh ! le gai matin, la saison nouvelle !
Dans les gazons verts quoi donc cherchait-elle ?
Un bijou perdu, rubis, perle ou fleur ?
C'était une fleur, cette fleur qui brille
Dans tous les vingt ans ; mais, ô belle fille !
Cette fleur d'amour ne fleurit qu'au cœur !

Scott Valley, 15 aout 1861.

IV.

UNE LETTRE DES MINES.

———

— Lis, mon enfant, c'est la lettre chérie
De l'absent bien-aimé, du fils de ma maison ;
Nous sommes tout pour lui, l'avenir, la patrie,
Pour cet oiseau perdu nous sommes l'horizon.
   J'essaierais bien, mais je ne peux plus lire,
   Je n'y vois plus, mon enfant, qu'écrit-il ?
   Lis sans pleurer, et tâche de sourire
      A cette lettre de l'exil.

J'apporte une douce nouvelle,
Enfant, une lettre de lui !
C'est du soleil, mon hirondelle !
Enfant, sois heureuse aujourd'hui.
Mes pauvres yeux sont pleins de larmes,
Mais j'avais peur et j'ai pu voir ;
Regarde à ton tour ; plus d'alarmes,
Le cachet vert nous dit : Espoir !

" Père, ma lettre est attendue,
Je le sais, depuis bien longtemps ;
Mais dur travail, peine perdue,
Sont l'histoire de mes trois ans.
Me voilà riche, et je t'envoie
Pas bien loin de cinq livres d'or ;
Je ne garde qu'un peu de joie,
C'est ma part de l'humble trésor."

Il faut de l'or que je te donne
Acheter, c'était ton dessein,
Les grands pommiers si beaux l'automne,
Les grands pommiers du clos voisin.

Père et femme assis sous leurs branches
Le soir, dites-leur mes chansons,
Et, gardant l'ombre aux têtes blanches,
Donnez les pommes aux garçons.

Donnez surtout, je le réclame,
A ma dernière fille, hélas !
A cette enfant, petite femme
Que son père ne connaît pas,
Une robe à fleurs d'une piastre
Faisant des plis et des frou-frous,
Afin qu'elle soit comme un astre
A la ducasse de chez nous.

Puis, portez tous, — ô joie amère
De ce fils qui la pleure encor ! —
Un bon-dieu de plâtre à ma mère,
Qui la bénisse dans sa mort.
La prière est une colombe
Qui monte invisible au Seigneur ;
Ma mère priera dans sa tombe,
Et j'y répondrai dans mon cœur.

Adieu ! c'est tout. Sur la colline
Soyez heureux, soyez contents !
Bonne santé dans la chaumine !
Bonne récolte dans les champs !
Et que Dieu garde à ma tendresse
Jusqu'à l'heure de mon retour,
Serrée autour de ta vieillesse,
La gerbe où fleurit mon amour !

— Lis, mon enfant, c'est la lettre chérie
De l'absent bien-aimé, du fils de ma maison ;
Nous sommes tout pour lui, si loin de la patrie,
Pour cet oiseau perdu nous sommes l'horizon.

J'essaierais bien, mais je ne peux plus lire,
Je n'y vois plus, mon enfant, qu'écrit-il ?
Lis sans pleurer, et tâche de sourire
    A cette lettre de l'exil.

Main Stream, 6 aout 1861.

JUIN FLEURI.

A KETTY.

Bonsoir, Ketty, la nuit est douce,
Le parfum des vents est amer.
On entend des chants dans la mousse
Et des voix parlent dans la mer.

Le soleil, géant et superbe,
Dore encor d'un rayon joyeux,
Par endroit, une touffe d'herbe
Et le front du mont orgueilleux.

Sous les ailes de la couveuse
Les petits oiseaux font leur nid ;
La nature se fait rêveuse,
Et l'on voit rire l'infini !

C'est l'heure adorable à laquelle
Mignonne allait avec Ronsard
Cueillir une rose nouvelle
Eclose et perdue au hasard.

C'est l'heure où, pauvre homme qu'enivre
Et ta voix gaie et ta chanson,
Je me tourne en fermant mon livre
Vers toi, mon cher petit pinson.

Bonsoir, Ketty, le jour épanche
Sur toi son dernier rayon d'or,
Et je baise ta robe blanche
Et puis ton cou plus blanc encor !

Juin 1857.

Tout à l'heure, en rouvrant le livre de ma vie
Et retrouvant ton nom aux plus charmants endroits,
Je te voyais passer souriante et ravie
Au chapitre joyeux qu'on appelle Autrefois !

Dans ce chapitre écrit d'une main jeune encore,
Pimpant, rose, bavard et fait d'un galant tour,
J'ai retrouvé mes vers et ta chanson sonore ;
J'ai presque retrouvé ma gaîté pour un jour.

Autrefois ! autrefois ! t'en souviens-tu, ma fille ?
Bohêmes réunis par le vent du revers,
Mes strophes te chantaient des couplets de Courtille
Et ta vertu mettait son bonnet de travers.

Comme on nous critiquait ! Un scandaleux murmure
Sortait de chez les gens à la malice enclins ;
Car c'était toi, ma chère, et non pas ta coiffure
Qui galopait gaîment par dessus les moulins.

Que c'était un bon temps cette jeunesse avide !
Et qu'elle savait bien traduire et déranger

Les verbes radieux que conjuguait Ovide
Et la chanson des Gueux que chantait Béranger!

De ces tableaux riants le temps éteint la fresque !
Mais quand je t'écrivais les quatrains ci-dessus,
Oh ! va ! je t'aimais bien, et toi, tu m'aimais presque,
Si j'en crois les billets que de toi je reçus.

Pauvres et chers billets pleins de phrases accortes,
Je les retrouve tous, presque francs, peu menteurs ;
Pliés dans un *Echo* comme des feuilles mortes
Et parfumés encor de tes bonnes senteurs !

Ah ! puisque de mon cœur je vide les armoires,
Que mes vieux souvenirs jonchent mes pieds poudreux,
Et que j'en suis à l'heure où l'on maudit les gloires,
Et que je n'ai plus rien d'adoré ni d'heureux ;

Il doit m'être permis de copier la ligne
Qu'hier je t'envoyais, qu'aujourd'hui je relis ;
Ligne dont notre amour a fait son chant du cygne
Et que Demain prendra pour jeter aux oublis ;

Et de faire imprimer dans ce journal morose
Ces méchants petits vers dont nul ne se souvient !
Car, c'est vrai, je t'aimais, et j'ai fait cette chose
Des larmes de mon cœur et des rires du tien !

Callahan's Ranch (Californie), 8 juin 1861.

JEANNE.

Musique de J. Maurin.

Jeanne, voici le temps de l'églogue et des roses !
La nature apparaît dans les apothéoses ;
Un souffle printanier caresse tes cheveux.
Le dieu Pan se pavane à travers les jours bleus,
Et les buissons fleuris, pleins de vols d'alouettes,
Ebouriffent dans l'air leurs vertes silhouettes.
    Enfants qui pleurez lorsqu'il pleut,
    Le muguet monte en blanches gerbes,
    Les champs ont des clartés superbes,
    Allez gazouiller dans les herbes
    Comme les oiseaux du bon Dieu !

Jeanne, tout est joyeux, tout éclate, tout pousse !
Les pêchers pomponnés font pleuvoir sur la mousse
Leur neige parfumée aux creusets de l'Ether,
Et le soleil, céleste ouvrier de l'Eclair,
Tisse, du fil doré qui tombe des planètes,
Des étoffes qu'Avril brode de paquerettes.
    Enfants qui pleurez lorsqu'il pleut,
    Le muguet monte en blanches gerbes,
    Les champs ont des clartés superbes,
    Allez gazouiller dans les herbes
    Comme les oiseaux du bon Dieu !

Jeanne, dans nos pays, c'est l'heure virginale
Des rustiques couplets et de la pastorale ;
Les roitelets, perchés aux branches d'aubépin,
Chantent de vieux rondeaux rimés par Mathurin,
Vieux rondeaux des Gaulois, rire franc de la lyre,
Qui font honte à ces vers que tu ne peux pas lire !
    Enfants qui pleurez lorsqu'il pleut,
    Le muguet monte en blanches gerbes,

R

Les champs ont des clartés superbes,
Allez gazouiller dans les herbes
Comme les oiseaux du bon Dieu !

O Jeanne ! le doux mois qui fait naître les roses,
Le mois des vieux rondeaux et des métamorphoses
Que Ronsard saluait en scandant de beaux vers,
Le mois qui voit courir les dieux dans les prés verts
Est moins frais et moins plein de joie et de promesse
Que l'Avril radieux qui fleurit ta jeunesse !
Enfants qui pleurez lorsqu'il pleut,
Le muguet monte en blanches gerbes,
Les champs ont des clartés superbes,
Allez gazouiller dans les herbes
Comme les oiseaux du bon Dieu !

Main Stream Coffee Creek (Californie), 8 avril 1862.

AVE!

A MADEMOISELLE SIDONIE PETETIN.

Quand vous vous accoudez, pensive, à la fenêtre,
Tandis que près de vous, dans son cadre, un vieux maître
A la touche sévère et charmante à la fois
Vous sourit ; vous songez à l'air pur, aux grands bois,
Au doux nid qui gazouille, aux odeurs des pervenches,
A la mer déferlant sur les falaises blanches,
Aux lointains horizons qui sont toujours l'exil,
Aux éblouissements du gai soleil d'avril ;
Aux murmures des vents qui mettent des tonnerres
Dans le feuillage obscur des arbres centenaires,
Au printemps parfumé, ce joyeux Ariel,
Ce couplet de chanson dont l'air nous vient du ciel.
Parfois, quand votre esprit court à la découverte,
Un hôte — un amoureux ! — trouvant la porte ouverte,
Vient, vous touche l'épaule et vous dit : Eh bien, moi !
Et vous vous retournez : c'est l'art, c'est votre roi !
Il amène avec lui dans votre solitude
Le projet, spectre rose, et la modeste étude.
Et vous rêvez alors aux musiques des flots ;
Vous crayonnez en vous des pastels, des tableaux.
La folle du logis vous prête sa palette
Et tout pose pour vous : la nature en toilette
De frais satin, la plaine au loin fuyant au nord,
Océan verdoyant sous les poussières d'or ;
Tout ! les monts calcinés, ces marchepieds des astres ;
Même l'homme ! — un forban qui court après les piastres.
Puis quand le paysage ardent, plein de soleil,
Est fini, dans votre âme et sur ce fond vermeil
Vous ébauchez les beaux enfants, les blondes fées,
Les dieux du vieil Homère et les pâles Nymphées ;

Prodigue, vous créez, pour peupler ces déserts,
Des palais dont les tours s'étagent dans les airs ;
Sur ces rives d'hier, par tous les vents battues,
Vous semez les cités, vous jetez les statues,
Vous rêvez des Forums aux portiques d'airain
Où s'agite en grondant un peuple souverain ;
Ou, pour vous reposer des grandes perspectives,
Vous cachez dans les bois un clair ruisseau d'eaux vives
Où trempent les rameaux odorants des tilleuls ;
Le nénuphar s'y mêle aux lances des glaïeuls ;
Une écume d'argent frange une herbe émeraude ;
Un rayon d'or poudroie, une abeille maraude.
Oh ! l'art puissant et doux ! Oh l'art ! maître sacré !
Quand vous vous réveillez de ce songe adoré,
De cette vision de roses et d'étoiles,
Il vous reste un tableau, des dessins ; sur vos toiles
Votre rêve a jailli splendide, harmonieux,
Idylle de Racan écrite pour les yeux,
Poëme de couleurs qui chante à la lumière,
L'agreste alleluia de la nature entière !

Certe, en ces tristes jours, quand le duc Turcaret,
Bercé par les Marcos, se grise au cabaret ;
Quand la France toujours grande, mais prisonnière,
Ne suit plus qu'une gloire, alerte cantinière
Au propos un peu leste, aux jupons un peu courts ;
Certe, en ces jours d'argent qui sont de mauvais jours,
Il est beau de vous voir, jeune et déja vaillante,
A l'art, divin travail, vous donner souriante ;
Et je vous applaudis, de mon obscurité,
Vous qui restez fidèle au culte déserté,
Et vivez, au milieu des foules insensées,
Dans le calme profond des sereines pensées.

Main Stream Coffee Creek (Californie), 5 avril 1862.

AUTREFOIS.

A ALBERT LEFORT.

Albert, vous souvient-il des pays enchantés
Que l'hôtesse invisible assise à nos côtés,
   La Chimère ! — fait apparaître
A cette heure où le jour empourprant le couchant
Met, gai verrier du ciel qui travaille en marchant,
   Des vitres d'or à la fenêtre ?

Vous souvient-il, Albert, de ce doux monde aimé,
Mélancolique et frais et toujours parfumé,
   Joyeux pour vous, pour moi sévère ;
Monde où vit le poëte, où s'égare l'amant ;
Au vieux temps entrevu par le peintre allemand,
   Votre parrain, mon cher trouvère !

De ce monde charmant comme le conte bleu ;
Monde couleur de rose, immense camaïeu
   Qu'un sylphe peint dans la mémoire ;
Oasis du désert, infini du réel
Dans lequel on arrive en passant dans un ciel
   Par le rêve aux portes d'ivoire ?

Dites, vous souvient-il des jardins merveilleux,
Des Panthéons divins flamboyant dans les cieux
   Les plus chargés et les plus sombres ;
Panthéons des vingt ans plus beaux que ceux des rois,
Jardins toujours fleuris qu'on appelle Autrefois !
   Et que nos morts ont peuplés d'ombres ?

Si vous voulez, tous deux, l'un à l'autre appuyé,
Le front un peu pensif et l'œil un peu mouillé
   Par la joie et par la tristesse,

Nous nous retournerons vers le jour qui pâlit,
Et nous nous baisserons pour chercher dans l'oubli
      Les perles de notre jeunesse !

O Jeunesse ! Aube ardente et lumineux amours !
Tout ce qui chante et rit dans la clarté des jours,
      Bruit des clairons et bruit des lyres,
Livre d'or dont les ans font un livre d'écrou,
Doux temps qui met des cœurs dans un bouquet d'un sou
      Et les splendeurs dans les sourires !

Temps dont nous gardons tous, fantômes d'une main,
Des petits gants d'enfant qui sentent le jasmin
      Ou des violettes de Parme,
Trésor des vieux tiroirs ; petits gants vénérés
Dont la mate blancheur garde aux doigts déchirés
      La tache que fait une larme !

O temps qu'un grand vieillard, ami que m'a pris Dieu,
Nommait dans ses récits, le soir au coin du feu,
      Les divines Métempsycoses,
Et dont il entendait bruire à soixante ans
Le rire et les baisers, ces oiseaux du printemps
      Dont les nids sont les lèvres roses !

O temps ! vol de gaîtés que nous dédaignons tous !
Voile du frêle esquif qu'emplit le souffle doux
      Qui fait frissonner les colombes,
Jours passés dont les vieux se refont des bouquets,
O lendemains douteux rêvés pour des banquets
      Qui se sont levés sur des tombes !

O Jeunesse ! soleil si loin de ma maison !
Gravure qu'on suspend au mur de sa prison
      Et que l'œil cherche avec ivresse.

Heure qui passe vite, écho sonnant toujours !
O frou frou d'une robe, ô fla fla des tambours !
      Oh ! la Jeunesse ! la Jeunesse !

Une fois, — le temps passe ! hélas ! voilà quatre ans, —
Nous causions en grondant comme des grands parents.
      — Il fumait tant dans votre chambre ! —
Le soleil, — ce n'est pas le même qu'à Paris, —
Grelottait, allumant dans un méchant ciel gris
      La chaufferette de décembre.

De quoi donc causions-nous ? Je ne m'en souviens pas.
Vous savez, le discours trébuche à chaque pas
      Aux trous noirs des philosophies.
Pourtant vous étiez jeune et j'étais amoureux,
J'avais du feu dans l'âme et vous étiez heureux.
      Oh ! nous causions de nos Sylvies !

Nous fumions, — c'est très bête et c'est très laid surtout ;
Mais nous avons changé le boudoir du bon goût
      En tabagie enchifrenée ;
Notre Olympe se grise et sent le caporal,
Et nous ne causons plus qu'en faisant, et fort mal,
      Le métier d'une cheminée.

Je feuilletais un livre et vous lisiez des vers ;
Et le ciel ennuyé rayonnait à travers
      Le châle troué de Lisette.
J'applaudissais les vers, le Pétrarque et l'amant,
Et j'écoutais sonner l'heure du reniement
      A la pendule de Musette !

O Mürger ! encore un qui dort avant le soir !
Combien ont disparu que je croyais revoir
      A leur poste de sentinelles !

Encore un pauvre oiseau de sa cage envolé,
Encore un que j'aimais et qui s'en est allé
      Frapper aux portes paternelles !

Au souffle du Seigneur que de flambeaux éteints !
Combien d'amis se sont couchés dès leurs matins,
      Spectres qui dorment dans la poudre !
Que d'arbres arrachés dans nos vertes forêts,
Et combien sont tombés et qui n'étaient pas prêts,
      Que de fronts touchés par la foudre !

Si vous voulez, Albert, l'un à l'autre appuyé,
Le front un peu pensif et l'œil un peu mouillé
      Par la joie et par la tristesse,
Nous nous retournerons vers le jour qui pâlit,
Et nous nous baisserons pour chercher dans l'oubli
      Les perles de notre jeunesse !

Californie, janvier 1862.

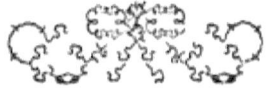

LES COULEURS DE LA FRANCE.

L'injuste appelle l'injuste.

Que l'oiseau soit un aigle d'or, un coq de bronze,
C'est la France ! elles sont de l'an quatre-vingt-onze,
Elles font les géants et les victorieux ;
Nos pères ont béni ce haillon glorieux ;
Des maréchaux, des rois, des généraux en blouse
Grandissaient à leur ombre en l'an quatre-vingt-douze,
Libres, pauvres, vaillants, joyeux, sans feu ni lieu.
L'aube majestueuse et terrible de Dieu,
Sereine se levait au fond de la tempête :
C'étaient les jours sacrés, l'épée était prophète ;
Et déjà l'on voyait dans l'orage éternel
Ce grand drapeau flotter à tous les vents du ciel.
—Soit ! le couperet vil sied mal à la fournaise :
L'infâme tombereau de l'an quatre-vingt-treize
Met une tache rouge aux gloires en sabots. —
Mais le peuple a payé sa rançon de tombeaux ;
Le palais n'a pas plus saigné que la chaumière.
Héroïques couleurs, vous êtes la Lumière,
Vous êtes l'Avenir, vous êtes la Splendeur !
Vous portez dans vos plis le peuple et sa grandeur.
Non, tu n'es pas, drapeau de nos augustes fêtes,
Le drapeau de Septembre et des coupeurs de têtes ;
Tu t'appelles Valmy, Jemmapes, Marengo,
Tu t'appelles Triomphe, ô notre vieux drapeau !
Quand tu passes superbe au fond de nos histoires,
On entend s'entr'ouvrir des ailes de Victoires,
Et dans le noir passé se lèvent, ô terreur,
La grande République et le grand Empereur !

Aussi quand des faquins, dans leurs façons altières,
Touchent à ce drapeau, gardien de nos frontières,

A cette tente ouverte à tous les opprimés ;
Quand des sots, de scandale et de bruit affamés,
Déchirent cette voile en leur rage insensée,
Cette voile qu'emplit l'air libre, la pensée,
Dans le morne silence où s'endort mon malheur
Je tressaille, indigné, de honte et de douleur,
A voir l'abjecte main, la main lâche et flétrie
Qui soufflète de loin la France, ma patrie !
Puis quelque chose chante en moi — pauvre égaré
Par l'épreuve et l'exil tour à tour dévoré —
Les hymnes et les chants des fiertés maternelles ;
Alors, enfant perdu parmi les sentinelles
Qui veillent l'arme au bras sur notre vieil honneur,
J'écoute, grandissant à l'horizon vengeur,
La fanfare française, éteignant dans la poudre
L'outrage qui d'en bas osait chercher la foudre ;
Et comparant en moi, pour les juger tous deux,
La clameur glorieuse avec le bruit hideux,
Je vais de l'un à l'autre et, Français, je préfère
Au journal qui diffame, au peuple de l'affaire,
Aux menteurs, aux voleurs, aux trembleurs, aux fuyards,
A des canons parlant moins fort que des dollars,
Aux mangeurs de tabac qui crachent des injures,
Aux grenouilles s'enflant dans leurs sphères obscures,
Aux vanités dressant leur creux épouvantail,
Le bruit doux et joyeux de la France en travail,
Et sous l'azur des cieux la voix large et profonde
De nos soldats marchant sur la face du monde !

Callahan's Ranch (Californie), mars 1863.

LE PRIX D'UN OURLET.

A MADAME MARIE CH.

Marie, on voit fleurir le givre,
Et la fenêtre, hiver cruel !
Ne s'ouvre plus pour faire vivre
Les oiseaux, vagabonds du ciel !

A nos portes quand la tristesse
Frappe, amenant les mauvais jours,
          Marie,
Je veux fêter votre jeunesse
    Et vos douces amours !

Parlons tous deux des temps splendides
Où l'avenir chamarré d'or
Ce prometteur aux poches vides
Vous paraissait charmant encor.

Vous sortiez de l'âge où l'on joue :
Vous aviez, fraîche, ouverte au jour
Une rose sur chaque joue,
Et dans la rose un nid d'amour.

A seize ans tout rit, rien ne pèse ;
Grand soleil ! cieux éblouissants !
Gais seize ans, c'est la Marseillaise
Que le bouquet chante au printemps !

C'est le temps où l'on est déesse,
Temps du sourire, lèvre en fleur.
Doux Evohé que la jeunesse
Jette au front hargneux du malheur !

Oh! qu'à seize ans vous étiez fière!
A seize ans qui de nous n'est pas
Ou le filleul ou l'héritière
De Monseigneur de Carabas!

Au passé lointain qui nous charme,
Marie, on peut donner sans peur
Cette bonne petite larme
Qu'on entend tomber dans son cœur.

Car ces jours sont les beaux, ma chère,
Je le sais, moi, qui presque vieux
Chauffe les doigts de ma misère ·
Aux cendres de mes jours heureux!

A nos portes quand la tristesse
Frappe, amenant les mauvais jours,
Marie,
Je veux chanter votre jeunesse
Et vos douces amours!

Callahan's Ranch. 5 octobre 1862.

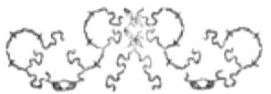

RIMES IMPROVISÉES.

Deux soldats disputaient d'histoire ;
— C'était en l'an et tant et tant ; —
Le vieux Jacques disait à Jean :
Ma mère s'appelle Victoire ;
Ses chevaliers, mon brave enfant,
Etaient nés bien avant les vôtres ;
Mais moi j'aime ma mère, Jean,
Sans mépriser celle des autres !

Certes, ta mère a sa noblesse ;
Elle a sa part des dons de Dieu.
Elle a l'eau, la terre et le feu,
Et le travail est sa richesse.
Mais ces biens, mon jeune marchand,
Ces biens empêchent-ils les nôtres ?
On peut aimer sa mère, Jean,
Sans mépriser celle des autres !

Nés d'hier au feu des batailles
Vous savez tomber en vaillants,
Et la Gloire peut battre aux champs
Quand vous rentrez dans vos murailles.
Mais cet immortel roulement,
Notre tambour l'apprit aux vôtres...
On peut aimer sa mère, Jean,
Sans mépriser celle des autres !

C'est vrai, vos femmes ont deux choses :
L'une, parfum, l'autre, clarté ;
Elles ont, bouquet de beauté,
Les cheveux blonds, les lèvres roses.
Mais ce bouquet jeune et charmant,
Comme il fleurit bien chez les nôtres !

On peut aimer sa mère, Jean,
Sans mépriser celle des autres !

Quoi, Carthage rirait de Rome !
Va, nos drapeaux se valent bien !
Mon pays respecte le tien,
Et j'aime ta mère, jeune homme.
Elle a Washington pour enfant,
Napoléon est un des nôtres !
On peut aimer sa mère, Jean,
Sans mépriser celle des autres !

Jean, ma mère a sa part du monde ;
Pourquoi donc toujours l'insulter ?
Si le coq gaulois veut chanter,
Que l'Amérique lui réponde !
Nos pères, au jour triomphant,
Mêlaient leur sang au sang des vôtres !
On peut aimer sa mère, Jean,
Sans mépriser celle des autres !

LES MARIÈS DE FLORÉAL.

———

A MADAME LEONIE D'AUNET.

C'était à Saint-James, en mai, il y a quinze ans,
Juillet recevait Floréal. Vous souvenez-vous, Madame,
Comme elle était jolie ce jour-là ?   P. C.

———

I.

C'était en Floréal, le mois des Bucoliques,
En l'an Trois. On voyait pâlir les républiques.
Brennus était à Rome et l'Autriche à Milan :
Nos clochers attendaient le vol d'un drapeau blanc.
Monsieur Thiers de vieux sous tâtait une refonte ;
Scaramouche allait faire une farce à Géronte.
La scène allait changer d'acteurs et de décors,
César le taciturne était à naître encor ;
Les nations avaient des airs de Madeleines
Et, les rois triomphant, les prisons étaient pleines.

O Nature ! tandis que l'homme, orgueilleux fou,
Massacre, triche et passe un collier d'or au cou,
Clémente à ces ingrats, mère grave et sacrée,
Tu verdis tes jardins, tu bleuis l'Empyrée,
Et ton souffle immortel apporte tous les ans
Le bouquet à la branche et le rire aux enfants.

Or, ce jour-là le ciel était gai comme un rire.
Les hêtres fredonnaient les couplets de Tityre,
Les classiques marquis du siècle pomponné
Entendaient dans les bois les sanglots de Daphné.
Le vent criait : Myrtil ! l'écho disait : Glycère !
Le paysage avait des lointains de Cythère ;
Tout était frais et pur, et dans cet air serein

On cherchait vaguement Estelle et Némorin.
Les ruisseaux gazouillaient sur le vieux rhythme antique
Un galant madrigal en style académique.
Le roman de l'Astrée éclatait en chansons
De l'ombre des forêts, du soupir des buissons.
Zéphir un peu cassé s'essoufflait sous les aulnes,
Au fond de la clairière on voyait fuir les faunes,
Et les vieillards, courbés sous les ans douloureux,
Disaient, voyant passer les couples amoureux
Caressés par la brise effluve printanière,
Que tout Paphos faisait l'école buissonnière.

Vous souriez, Madame, à ces vers étonnés
De se trouver chez moi parmi mes vers mal nés ;
Les rimes de Chaulieu s'ajustent mal aux miennes ;
Mais laissez-les passer, pauvres rimes païennes,
Ecloses dans la brume au fond de mon cerveau,
A l'air tiède et béni qui vient du Renouveau.
Doux vent des premiers jours et des premières fêtes,
Quand il souffle on relit les vers des vieux poëtes :
On a beau temps au cœur et l'âme au loin croit voir
Le doux reflet d'une aube illuminer le soir.

Madame, l'heureux temps ! le temps des belles choses !
En y songeant, mon cœur devient bouquet de roses !

Une noce chantait dans un vieux cabaret,
Vert, moussu, délabré, caché par la forêt ;
Le vin gaulois dorait les vieux fronts des familles,
Et dans le bois plein d'ombre et plein de belles filles,
Un jeune homme, une enfant, groupe vaillant et pur,
Fouillaient joyeusement dans leurs cœurs pleins d'azur.

L'homme était un poëte, âme déjà pliée
Au malheur, l'enfant blonde était la mariée.

Elle marchait son bras sur son bras, le gazon
Baisait ses petits pieds ; sa voix — une chanson ! —
Murmurait comme un nid au fond de la bruyère.
Elle parlait très bas, se tournant en arrière.
— Nous suit-on ? regardez, le monde est ennuyeux ;
Ne peut-on nous laisser un moment seuls tous deux ?
Nous n'avons pas causé. Je vous connais à peine.
Voulez-vous vous asseoir ! L'herbe est verte, le chêne
A l'air bonhomme. Il sait, le vieil arbre orgueilleux,
Qu'il faut être discret avec les amoureux.
Assis, monsieur, assis ! éloignez cette branche !
Thélès, n'abîmez pas ma chère robe blanche !
Comme vous êtes mis, on dirait presque un vieux !
Tu ne sais même pas arranger tes cheveux.   [garde,
Mais laissez donc mes mains! Voyons, Thélès, prends
Vous m'embrassez trop fort et maman qui regarde !
Comme le jour est calme et le grand bois fleuri !
Assieds-toi. C'est bien vrai, vous êtes mon mari.
Je ne suis maintenant que la moitié d'une âme,
Et c'est fini. Voilà, ce soir, je suis madame !

Ses yeux s'étaient emplis de joyeuse clarté,
Mais rien ne vint troubler cette sérénité
Faite moitié d'amour, moitié de moquerie,
Blancheur de chasteté ! t'en souviens-tu, Sylvie ?

Il pleuvait des baisers de ces beaux yeux mutins.
Elle prenait pourtant la pose et l'air hautains.
O railleuse aux bras blancs et ronds, aux griffes douces,
Elle battait un air en piétinant les mousses,
Turbulente, brouillant son gai fredonnement.
— Mais vous ne parlez pas, dit-elle brusquement.
— Je t'écoute et je t'aime ! — Oh ! poëte ! — Oh ! déesse !
— Appelle-moi madame ! appelle-moi duchesse !
Ta femme ! donne-moi les noms que tu voudras,
Les plus gentils, ils sont tout pleins d'et cœteras,

T

Mais ne m'appelle pas déesse ; c'est superbe,
Mais ça nous vieillit trop et tu n'es pas Malherbe.
Tu vas parler ! tais-toi ! vous parleriez toujours
Si je vous laissais faire. O caqueteur d'amours,
Demain vous causerez. Un mari, c'est un maître.
Vous me direz : Silence ! et me battrez peut-être !
Aujourd'hui, c'est à moi la parole.   D'abord
Vous ne me battrez pas, vous êtes le plus fort.
Il faut m'aimer toujours. Au moins toute l'année.
Je vous paierai ; les cœurs ont aussi leur monnaie.
Vous ferez sans gronder tout ce que je voudrai.   .
Vous me le promettez, bien vrai !—Bien vrai !—Bien vrai !
Je suis très querelleuse et vous un peu fracasse,
Vous céderez toujours ; moi, jamais, ça m'agace.
Embrasseur enragé, laisse donc mes cheveux !
Demain nous partirons au matin, si tu veux ;
Nous laisserons Paris où mai même a sa brume,
Nous irons dans les champs où tout rit, tout parfume,
Nous irons loin, bien loin, bien plus loin ! n'importe où.
Nous irons taquiner Béranger dans son trou ;
Il est souvent bourru, pas toujours très aimable.
Tu lui diras : Monsieur, c'est la beauté du diable,
C'est ma femme ! Et tandis qu'il n'y songera pas
Je te l'embrasserai, quand même, à tour de bras !
S'il gronde, je rirai, pour l'embrasser encore.
O nuit ! dirai-je, ô nuit, laissez entrer l'aurore.
Ah ! je n'ai pas fini ! vous êtes très moqueur,
Et moi, je suis tyranne. —Il rit, le grand sans cœur !
Dis pourquoi !—Ah ! c'est vrai, j'insulte la grammaire.
Eh bien! ça m'est égal : après tout, belle affaire!
— Donc nous disputerons ; mais, mon prince charmant,
Qui nous apaisera?—La voix qui dit : Maman !
— Une fille ? Tu ris ! Mon Dieu ! que c'est donc bête !
Le fait est qu'un garçon ça porte une épaulette...
Tu ris encor ! — Je veux tout ce que tu voudras   .
Si je peux t'embrasser quand même à tour de bras.

Ces heures-là, c'était à l'aube de ta vie.
O banquier de seize ans, t'en souviens-tu, Sylvie ?
Nous étions oubliés parmi les inconnus,
Mais j'avais mis mon cœur sous tes petits pieds nus ;
Tes cheveux étaient blonds, tes mains étaient mignonnes,
Ta robe t'allait bien, et toutes les couronnes
Des Césars lumineux et des rois disparus,
Puissants rayonnements, trésors toujours accrus,
Auraient-ils pu payer à mon âme attendrie
Le divin Floréal de ta saison fleurie ?

Callahan's Ranch (Californie), 3 aout 1865.

II.

BÉRANGER.

Vous m'avez dit un jour : J'ai des amis sans nombre ;
J'ai des flatteurs ; pauvre homme ! iront-ils jusqu'au bout ?
Mon âme craint la foule au delà du seuil sombre ;
Vous qui m'aimez, enfants, laissez en paix mon ombre !
— Maître, je vous bénis, je me souviens....c'est tout !

Le poëte accueillit l'enfant d'un bon sourire,
Humble maison, jardin de dix pas son empire,
Vous avez vu passer sous vos chers accacias,
La Sylvie au doux nom tout plein d'et cœteras ;
Coquette, caquetant, chantant, faisant la moue,
Des éclairs dans les yeux, des pêches sur la joue ;
Belle comme l'Amour, de la joie à plein cœur,

Et s'appuyant au bras du pauvre vieux vainqueur,
Pour l'admirer d'abord, et voir ensuite comme
Sont faits les cheveux blancs, cette neige de l'homme !

Lui marchait lentement, il écoutait rêveur
Cette alouette, écho de son temps le meilleur,
Suivant de son œil clair, grande âme émerveillée,
L'enfant en cheveux blonds, la tête ensoleillée
Et s'inclinant parfois pour suivre sa gaîté :
      " La jeunesse a sa royauté,
      " Et celle-là je la proclame,
      " C'est le droit divin de la femme,"
Lui dit-il. — Maître, vous êtes las,
Je suis très fatiguée, ainsi ne marchons pas,
Faites finir Thélès, je veux parler, vous êtes
Un grand homme, et surtout très bon, — chez les poëtes
C'est rare la bonté, voyez-vous, mon mari
De cette qualité n'est pas du tout pétri.
C'est bon, tu gronderas une autre fois, tu boudes !
Je suis chez Béranger, allons, laissez mes coudes !
Béranger, j'ai bientôt dix-sept ans, je vieillis ;
Je crois que le chagrin creuse déja des plis
Sur mon front, regardez ! Ce n'est pas vrai, mon maître !
Ces plis-là, mon mari les a sculptés peut-être.
Je suis très malheureuse, hélas ! voilà pourquoi :
— Je suis chez Béranger, je ne suis pas chez toi !
Le tout petit ménage a déjà ses querelles ;
Il veut la gloire, lui, moi, des fêtes nouvelles.
Je suis l'Amour et vous la Gloire, auquel des deux,
Maître, faut-il aller ? L'homme illustre a les cieux,
La bataille, le bruit, l'ivresse, la fumée ;
Et cette ombre qui coûte tant, la Renommée.
Mais les petits, voyons ! les petits sont heureux !
Ils ont la joie, ils ont la douce vie à deux.
Ils ont le doux pain blanc du banquet de la vie,
Ils vivent inconnus à tous, même à l'envie.

Oh ! bête, va ! qui rêve à l'Hymette, à son miel,
Phœbus pour être toi donnerait tout le ciel !
N'est-ce pas, Béranger, que je raisonne juste ?
Le petit vaut le grand, le gai vaut bien l'auguste,
J'ai la fraîche saison au cœur, maître ! et je veux
Que vous disiez tout haut lequel des deux vaut mieux,
Du rire ou du tambour ! des vers ou de la prose,
Des feuilles de laurier ou des feuilles de rose ?

Essoufflée et brillante elle le regardait,
Et voici ce que lui, le vieillard répondait :

" Les rois allaient mourir et le peuple allait naître.
" Déjà soleils couchants et près de disparaître,
" La fière monarchie et les grandes maisons
" Descendaient lentement sur les vieux horizons.
" Tout allait s'écrouler, le dogme et la puissance,
" La foi dans le Seigneur et dans le roi de France,
" Couronnes, parchemins, mensonges de l'orgueil,
" Tout allait s'engloutir dans le même cercueil.
" Quelque chose d'immense illuminait les âmes.
" Un vent mystérieux soufflant d'étranges flammes
" Emplissait les esprits de fulgurants rayons,
" Les Jacques révoltés formaient leurs bataillons,
" Et leur flots soulevés qui battaient le vieux monde
" Commençaient à gronder comme une mer profonde.
" Je suis né ces jours-là. Je suis vieux, j'ai vécu.
" J'ai vu monter la mer, j'ai vu le roi vaincu ;
" J'ai vu mordre et bondir un peuple qu'on opprime.
" Hélas ! j'ai vu passer l'orage et la victime !
" J'ai dans l'oreille un bruit que j'écoutais enfant,
" C'est le cri furieux d'un peuple qui défend
" L'aïeule déchirée et lâchement vendue !
" C'est la sombre clameur de la France éperdue.
" C'est le pas souverain jalonnant l'Avenir
" Du jeune bataillon qui chante et va mourir !

" O peuple ! mon enfance à la tienne est mêlée.

" J'ai coudoyé ta gloire à la face étoilée,

" Je sais comme on oublie et comment on apprend,

" Je t'ai vu libre et pur, hélas ! je t'ai vu grand !

" Ta mère était ma mère et j'ai pleuré tes larmes.

" J'ai combattu pour toi, pauvre homme, avec mes armes !

" J'ai vu l'épée, enfants, faire place aux outils.

" J'ai vu tomber les forts et monter les petits !

" J'ai remué ma part dans le travail du monde.

" O rire parfumé, tête rosée et blonde !

" Beaux jeunes gens épris et qui rêvez encor,

" Oui, Sylvie a raison ! Ami, vous avez tort,

" Car la gloire est un mot et le triomphe un leurre.

" Car aujourd'hui, vieux loup caché dans ma demeure,

" Quand je regarde au loin le flux et le reflux

" De mes jours envolés, grands jours qui ne sont plus,

" Le triomphe, l'orgueil, l'éclat, la Renommée,

" La bataille, vain bruit d'où sort de la fumée,

" La gloire que la foule apporte dans ces cris,

" Trouvent ma porte close, et mes yeux attendris

" Gardent tout leur amour et se mouillent encore

" Au souvenir des temps de jeunesse et d'aurore

" Où pauvre comme vous, comme vous j'adorais !

" Où j'allais, gai flâneur, m'asseoir dans les guérets,

" Où vingt sous me faisaient riche pour la semaine,

" De ces jours, gais couplets de ma chanson sereine

" Où Dieu dans un grenier plein d'aube et de printemps,

" Sur mon vieux lit si dur me comptait mes vingt ans ! "

Callahan's Ranch, octobre, 1865.

III.

LES ÉMIGRANTS.

———

Je les ai vus passer soucieux, le front hâve.
La femme s'appuyait au bras de l'homme grave,
Regardant vaguement la route et le taillis,
De ce morne regard qui cherche le pays.
Pauvres enfants sans toit, dans la grande nature
Ils allaient tous les deux errants de l'aventure ;
Seuls dans l'incertitude et d'un pas fatigué
Ils se sont arrêtés pour boire au bord du gué,
Et l'homme en frissonnant s'est assis près d'un saule,
En jetant le paquet qu'il portait sur l'épaule.

D'où venaient-ils ? du Rhin, de l'Elbe ou de l'Oder ?
L'Allemagne aujourd'hui n'est plus qu'un sol amer
Où poussent des grands-ducs. La vieille race est morte,
Et les jeunes s'en vont, peuplade calme et forte,
Se refaire un foyer, un drapeau, d'autres cieux,
Là-bas, bien loin, hélas ! par delà les flots bleus.
Ils laissent les tombeaux. Ils passent, mer mouvante,
Chez le roi Million ils vont planter leur tente,
La France pour nous douce et charmante à nos yeux
Les voit passer muets, pensifs et sérieux.
Ils vont se réchauffer, là-bas, en Amérique,
Au soleil monnayé que bat la république.

C'est douloureux... Hélas ! qui sait si quelque jour
Je ne quitterai pas mon doux foyer d'amour ?
Qui sait si quelque jour ma pauvre âme souffrante
Elle aussi n'ira pas au vent de la tourmente
S'échouer dans un froid et brumeux horizon
Où n'arriveront plus ton rire et ta chanson !
Oh ! que Paris est bon ! oh ! les longues soirées !

Les gais propos d'hiver, futilités sacrées,
Quand le petit ménage accorte, heureux, riant,
Cause au bruit des tisons de l'âtre flamboyant!
Oh! qu'il est beau le feu du bois de la patrie,
Quand le givre argenté sur la branche flétrie
Miroite en diamants aux clartés de l'hiver!
Qui sait si quelque jour, humble oiseau qui se perd
Loin de toi, tout mon ciel, cœur pur de jeune femme,
Doux nid où chaque soir va s'endormir mon âme,
Je ne chercherai pas d'un rivage inconnu,
Blessé, désabusé, esprit vide et front nu,
L'ombre de mon pays sur la mer qui déferle!

Elle a levé les yeux ; une larme, — une perle! —
Y roulait tristement. — Je suis ta femme, eh bien!
Si tu voulais partir, je sais un doux lien,
J'attacherais ton cou dans mes deux mains fermées.
— Oh! le charmant collier que tes mains parfumées!
— Je te dirais : Ami ne pars pas, reste-moi!
Le pain bis sera bon s'il est gagné par toi.
Je ne pleurerai pas. Ou bien si je m'ennuie,
Tu m'aimeras. L'amour sèche vite la pluie
Qui tombe bêtement dans les moments d'humeur.
S'il fait froid j'ai tes bras, s'il tonne j'ai ton cœur.
Ne pars pas, pauvre oiseau, vers les rives désertes!

— Hélas! tes chères mains se sont un jour ouvertes!

Callahan's Ranch (Californie), octobre 1865.

IV.

SYLVIE PRETE A DIEU.

A la porte fermée une femme est venue.
C'est une misérable ; une femme inconnue.
Humble, morne et muette, au front pensif et lourd,
Jeune encor mais de loin, presque vieille au grand jour,
Et l'œil plein à travers des larmes douloureuses
Du sombre effarement des pauvretés honteuses.

Ces enfants que voilà sont les siens, hélas ! oui !
Pauvres petits hibous que l'azur éblouit,
Leur doux rire est navrant, car ils ont faim peut-être.
— Des enfants avoir faim ! ô Dieu ! souverain maître.

Pauvre mère, bon cœur, simple, honnête et si grand,
Trésor de dévouement obscur et qu'on apprend
A connaître quand seul et courbé sous l'injure
On n'a plus ce doux cœur pour soigner sa blessure.

Elle pleurait sans bruit, attendant sans espoir,
Les mains froides, le front dans son tablier noir,
Grelottant dans les plis de sa robe d'indienne
A la bise d'hiver ; c'était une chrétienne,
Mais Dieu si bon aux grands, aux pauvres est cruel,
Et cette mère, hélas ! ne croyait plus au ciel.

Elle avait tout vendu, ne trouvant plus d'ouvrage ;
Son châle, souvenir des jours du mariage,
Ses vêtements aimés, ses vieux meubles luisants,
Se disant qu'après tout, sans choquer les passants,
Une femme peut bien, aux coutumes rebelle,
Porter avec fierté, sans faire rire d'elle,

U

Une robe de toile, en hiver, pour nourrir
Des enfants qui n'ont pas la force de souffrir.

Est-elle mariée ? a-t-elle chez le maire
Dit oui, donné son nom ? que m'importe ! elle est mère !

Dans son pauvre logis plus rien ! Sur les murs gris
Pas de soleil ! Le vent mordait ses bras maigris,
Elle a pris ses enfants, et fiévreuse, affolée,
Vers l'atelier désert elle s'en est allée.
La voilà ! que veut-elle ? elle ne sait pas bien.
" Si ! — les enfants ont faim ! elle, elle n'a plus rien.
" Vous savez, un enfant, si jeune, déraisonne.
" Ça n'est pas aussi fort qu'une grande personne.
— Le soir, en les couchant, je m'en vais en tremblant.
" Je les entends pleurer en parlant de pain blanc. —
" Je n'en ai même pas de noir, bouches aimées ! "

Oh ! le méchant hiver ! oh ! les portes fermées !

Je ne t'ai pas tout dit. Mais ne te fâche pas !
Tu sais, je conte mal, je marche à petits pas.
Ne prends pas l'air mauvais de tes jours de bourrasque,
Ton cœur est bon, voyons, laisse tomber ton masque,
— Tu sais bien les trois francs dix sous que tu cachais
Dans mon soulier de noce et dont tu complotais
Un splendide souper pour madame ta femme ?
Quand j'ai vu les enfants, Diable ou Dieu, dans mon âme
Une voix me disait : tu seras mère un jour ;
Il faut avoir pitié ; la pitié c'est l'amour.
Ils riaient. Mais ce rire, hélas ! mouillait leur manche.
J'ai donné tes trois francs dix sous, mon gai dimanche !
Et maintenant, tyran, deviens noir, deviens bleu !
— Tu m'embrasses ! — c'est bon ; le souffleur c'était Dieu !

Callahan's Ranch, (Californie), novembre 1865.

V.

COUP DE VENT.

———

Savez-vous pourquoi j'ai l'esprit morose ?
Je suis irrité, savez-vous pourquoi ?
Pourquoi je me tais quand votre âme cause ?
Pourquoi je dis vous quand vous dites toi ?
Pourquoi de vos yeux, couleur de pervenche,
Le regard si doux me laisse si froid ?
Pourquoi je hais tant votre jupe blanche ?
Oh ! méchante enfant, dis, sais-tu pourquoi ?

— Je sais bien pourquoi, mais laissez-moi coudre ;
Il pleut près de vous ; — je sais bien pourquoi
Vous êtes taillé dans un coup de foudre
Et pourquoi la reine a fâché son roi !
Pourquoi de Chilly vous avez l'air traître,
Pourquoi votre Vous querelle mon Toi.
Si j'osais pleurer.... vous ririez peut-être !
Oh ! méchant mari, je sais bien pourquoi ?

— Savez-vous pourquoi je hais votre chambre,
Pourquoi je voudrais vivre dans un trou,
Hargneux, désolé, gris comme novembre ?
Ce n'est pas assez !.... noir comme un hibou ?
Savez-vous pourquoi toute la semaine
D'un secret chagrin j'ai porté le poid ?
Pourquoi j'ouvre en moi la porte à la haine ?
Oh ! méchante enfant, dis, sais-tu pourquoi ?

— Je sais bien pourquoi ! Voyez, je suis lâche,
Je pleure, c'est vrai, mais ce n'est pas moi !
Un mot, un ruban, un rien tout te fâche,
Et tu me dis vous d'un ton de beffroi.

Et ma main, pourtant, à se tendre est prête,
Mon cœur est dedans, les deux sont à toi.
Pour les prendre, hélas, tu tournes la tête.
Oh ! méchant mari, je sais bien pourquoi !

Callahan's Ranch (Californie), novembre 1865.

VI.

DAPHNIS ET CHLOÉ DANS UNE MANSARDE.

Habille-toi, viens-tu, Sylvie ?
Oh ! viens livrer au jour vermeil
Ta beauté puissante et ravie,
Et tes cheveux pleins de soleil !
L'Eté verse à flots ses ivresses !
Sylvain fait la cour aux déesses
Dans les bois aux vertes couleurs,
Et l'on voit à travers les branches
Danser en rond des robes blanches,
Au bruit des baisers dans les fleurs.

— Mais pourquoi rêver les collines ?
Paris n'a-t-il pas ses splendeurs ?
Ses grands arbres, ses aubépines,
Ses bois aux calmes profondeurs !
O Pastorale des gouttières !
Nos toits raviraient Deshoulières,
Et les bergères à paniers ;
Tircis y chanterait peut-être

Les églogues de la fenêtre
Et les idylles des greniers !

—Viens ! Juillet tresse sa couronne
Pour le front que touchent seize ans !
Viens chercher Ronsard et Mignonne,
Dans les rondes des paysans.
Sur la ville et dans la tempête
Dieu passe et jamais ne s'arrête ;
Gais écoliers, sautons les murs ;
Courons à lui.   Dieu, c'est le père
Qui cache l'avenir prospère
Dans les blés d'or des épis mûrs !

— Allons, ô muse paysanne,
Daphnis, mettons nos gros sabots,
Dans la poussière de Sœur Anne
Allons chercher les cieux, les flots !
Pourtant tout parle pour nous dire :
Pan est ici ! j'entends son rire
Dans ce petit bouquet d'un sou !
Il est dans le vallon superbe,
Il est aussi dans ce brin d'herbe.
Pan n'est pas mort ; il est partout !

— Viens ! le ruisseau dit au rivage
L'Evohé des grands chœurs païens,
Diane y baigne sous l'ombrage
Ses pieds moins charmants que les tiens !
Sous l'ombre morne du haut cèdre,
Euripide passe avec Phèdre,
Hymne sombre, éternel sanglot ;
Et des herbes de la vallée
L'alouette, chanson ailée,
Monte au ciel chercher Romeo !

— Je suis prête ! enlève ta femme.
L'homme est le peuple souverain :
Citoyens ! rangez-vous ; madame
Est l'Estelle de Némorin !
Mais si j'entends des ritournelles,
Je veux danser sous les tonnelles
Des cabarets aux pampres verts,
Où Roger Bontemps trinque et cause,
Et j'y boirai du doux vin rose
Qui met les bonnets à l'envers !

Callahan's Ranch (Californie), novembre 1865.

A C. L.

Lina, c'était en mai, le mois des rêveries,
        Des verts sentiers, des nids joyeux ;
Des petits boutons d'or, sequins de nos prairies,
        Des baisers et des amoureux.
L'aurore de l'année éclatait sur la terre,
        Chaque jour apportait sa fleur :
Comme elle souriait, quand je disais : ma chère !
        — T'en souviens-tu, ma sœur !

Lina, c'était en juin, le mois des harmonies,
        Du vent tiède, du riche été,
Du grand soleil riant sur les plaines bénies ;
        C'était le temps de ma gaîté !
Vous aviez toutes deux une part de mon âme ;
        Vos amours me faisaient meilleur.

Comme elle rougissait, quand je disais : ma femme !
— T'en souviens-tu, ma sœur !

Lina, quand vint juillet et ses bruyants dimanches,
J'allais vous prenant par les mains,
Baisant malgré vos cris vos fraîches robes blanches,
Dans les bois, sur les grands chemins.
Tu t'éloignais de nous en murmurant : — Quand même,
Tu la serrerais sur ton cœur ! —
Comme elle tressaillait, quand je disais : je t'aime !
T'en souviens-tu, ma sœur !

Lina, de ces temps purs perdus dans mes orages,
L'ombre en moi ne peut s'effacer.
Je revois vaguement vos doux et frais visages
Et je me cache pour pleurer.
Celle qui de mes jours devait suivre la pente
S'arrête en arrière, elle a peur.
Mais toi que la douleur a faite plus vaillante,
T'en souviens-tu, ma sœur !

1857.

HUMBLE FEUILLE OFFERTE A LA PLUS GLORIEUSE COURONNE.

A M. A FOREST, CONSUL DE FRANCE A MAZATLAN.

Ami, que le vent vous soit doux,
Le ciel riant, la mer clémente,
Au nom de la patrie absente
N'oubliez pas celui qui chante
Et qui tend ses deux mains vers vous.

Qui sait ? peut-être allons-nous vivre
Sans nous revoir ; mais vous avez
Lu les derniers feuillets du livre
De ce rimeur, et vous savez

S'il aime, ce casseur de roche,
Sans marchander son dévouement,
Tout simplement, tout bêtement,
La vieille mère de Gavroche !

P. C.

I.

Vous dont l'œil fixant la chimère,
A des éclairs, lorsque parfois
Le nom sacré de votre mère
Est insulté par quelques rois ;
Quand l'insulte, clameur immonde,
Chez les peuples du Nouveau Monde
Fait retentir d'un long hourra
Le foyer de la République,
Tournez les yeux vers l'Atlantique,
Et votre mère apparaîtra !

Votre mère, on l'appelle sainte,
Chez les vaincus de l'étranger.
Ce n'est pas à moi, voix éteinte,

A la défendre, à la venger.
Mais c'est à nous, passants de l'ombre,
A la chanter dans le jour sombre
La grande étoile de l'azur,
A nos chants, foule endolorie,
L'ombre immense de la patrie
Grandit lentement sur le mur !

Oh ! c'est la France, heureux mirage,
La douce France du Seigneur,
La grande France du courage,
La vieille France de l'honneur !
C'est la France illustre et charmante,
La terre, nourrice clémente
Dont les deux seins versent l'amour.
La gloire y dore bien des tombes !
O nid d'aiglons et de colombes
Qui gazouille sur un tambour !

Oh ! c'est la France vénérée !
C'est la mère aux baisers si doux !
C'est la terre heureuse et sacrée
Qu'il ne faut toucher qu'à genoux !
C'est le peuple aux élans suprêmes.
A lui lauriers et diadèmes !
C'est le grand peuple triomphant ;
Lèvre qui chante aux bruits des guerres,
Mêlant aux géantes colères
Le rire joyeux de l'enfant !

C'est la France ! céleste forge !
Ouvriers, chercheurs inconnus,
Nos évêques que Rome égorge,
Premiers pasteurs marchant pieds nus !
O majestueuses figures,
Martyrs acceptant les tortures   .

V

Et bénissant, quoique frappés,
Quoique dévorés par les flammes,
La pourpre des Césars infâmes
Du pardon de vos poings coupés !

Humbles docteurs de l'Evangile,
Cénobites cherchant l'Esprit,
Clercs de Dieu qui lisiez Virgile
Sous le regard de Jésus-Christ.
Veilleurs qui gardiez la lumière,
Entre l'étude et la prière,
L'œil à la terre et l'âme aux cieux ;
Gardiens qui conduisiez les hommes,
Parlez et levez-vous, fantômes,
Dans l'aurore de nos aïeux !

Oh ! oui, regardons en arrière :
Enfants, rouvrons les tombeaux froids.
Fils pieux, montrons leur poussière
Aux républiques comme aux rois.
Dans nos ballades populaires
Rendons aux marbres tumulaires
Les os qu'ils devaient contenir,
Les noms écrits par les épées,
Et relisons leurs épopées
Au jour serein du souvenir !

Nous, les cadets de la patrie,
Quoi, renierions-nous, plébéiens,
Notre bonne chevalerie
Et les premiers barons chrétiens ?
Non ! noblesse, rois et Commune,
Tout est à nous ! gloire, infortune,
Acceptons tout le legs sacré,
Et le triomphe et la souffrance,

Car notre mère, c'est la France,
Si notre père est Jean Guétré!

Pauvre père! oh! la rude école
Que tes fils chantent aujourd'hui!
Ruisseau qui roule, oiseau qui vole,
Air pur du ciel, rien n'est à lui!
Héroïque bête de somme,
Qu'il a souffert, Jacques Bonhomme!
O père, nous nous inclinons
Devant tes tombes révérées.
Hélas! leurs ombres ignorées
Ne savaient pas signer leurs noms!

Qu'il est petit, le pauvre rustre,
Qu'il est chétif à son berceau!
Aux conquérants la place illustre,
A lui le sceptre de roseau!
Pourtant, voyez dans les nuages
Passer l'étoile des trois Mages;
Ce petit sera grand demain,
Cet esclave aura son calvaire;
Ton meilleur sang, ô notre père,
Doit couler pour l'esprit humain!

Ce sang partout se mêle à l'onde,
Partout le sang français surgit.
Est-il un ilot dans le monde
Que cette vague n'ait rougi?
C'était hier, quand Bonaparte
Cherchait, encor soldat de Sparte,
Le moule des Napoléons!
Il suivait au désert immense
Le pas qu'avait laissé la France
Sur la cendre des Pharaons!

Est-il pour les fronts une idée,
Est-il un droit doux et puissant
Qui dans la terre fécondée
Ne se nourrisse de ce sang ?
Aux flots rouges des hommes d'armes
Nos apôtres mêlaient leurs larmes ;
O père, tes fers étaient lourds,
Mais tous tes morts criaient : courage !
L'arbre grandissait dans l'orage,
Et la France montait toujours !

II.

Paix aux tombeaux ! Les châtelaines,
Debout sur le seuil du passé,
Ne sont plus que des ombres vaines
Hantant la tour au vert fossé.
Adieu le calme monastère,
Le haut clocher, la flèche austère !
On ne voit plus, grands jours finis,
Frissonnante sur les murailles
Se dresser au vent des batailles
L'oriflamme de Saint-Denis !

Mais ton midi vaut ton aurore,
O vieille âme des chevaliers !
Ton souffle auguste échauffe encore
Nos soldats et nos écoliers.
Non, l'honneur n'a pas de ruines !
Si nos pères ont eu Bouvines,
Si Marignan illustre un roi,
Nous aussi, nous avons nos gloires !

La France a droit à deux histoires,
Et Jemmapes vaut Fontenoi !

O coq, clairon des républiques,
Chante ton hymne triomphal
Aux grands va-nu-pieds héroïques
Des brigades de Prairial !
Fais tressaillir Paris et Rome
Des refrains de Jacques Bonhomme !
Du cri de guerre de Brennus
Emplis les rives des deux Tibres,
Porte-drapeau des peuples libres,
Epouvante les rois vaincus !

Nos soldats n'ont-ils pas naguère
Sur leur grand drapeau déchiré
Refait avec cent noms de guerre
Le livre d'or de Jean Guétré ?
O bataillon de la Moselle,
Vivante et rude citadelle,
Vous qui faisiez des escabeaux
D'un tas de trônes germaniques,
J'entends dans nos récits épiques
Le pas de vos pauvres sabots !

N'as-tu pas, France, ô notre mère,
Sculpté de ton ciseau vainqueur
Là-haut dans l'Olympe d'Homère
Le vieil habit de l'empereur ?
Oh ! quels beaux jours et quelles fêtes
Que tes soleils et tes tempêtes !
L'Europe alors suivait ton char,
Et tu faisais après la guerre
Coudoyer les dieux de la terre
Aux grands balafrés de César !

O France, un peuple enfant te brave ;
Nous sourions, nous qui t'aimons.
La France est grande même esclave !
Quand elle songe, nous semons !
Va ! les fils valent bien les pères !
Ils ont aussi leurs temps prospères,
Tu leur dois leur pilier d'airain !
Demain s'appelle l'Espérance ;
Un jour nous mènerons, ô France,
Tes coursiers boire aux flots du Rhin !

Callahan's Ranch (Californie), 25 novembre 1865.

CE QU'ON ECRIT A VINGT ANS, — ET QUE L'ON RETROUVE A QUARANTE AU FOND D'UN VIEUX TIROIR.

Oui, c'est le dernier chant ; c'est le réveil des rêves,
C'est le salut suprême et le retour à Dieu ;
C'est de l'esquif qui va s'échouer sur les grèves,
Le cri de désespoir et le canon d'adieu.
A la course du temps, c'est une âme ravie.
C'est un homme qui passe après avoir souffert,
C'est la feuille qui tombe, hélas ! et c'est la vie
    Qui meurt chez un autre Gilbert !

O mon âme, va-t'en ! va-t'en pauvre immortelle
Vers un autre horizon, vers les cieux infinis ;
Va-t'en, comme l'oiseau, vers une aube nouvelle,
Chanter d'autres chansons, refaire d'autres nids.

Va-t'en d'un vol joyeux au vent de la tempête,
Laisse le corps dormir paisible, et sous les fleurs
La pierre du tombeau pour ce front de poëte
    Est moins lourde que les douleurs !

Oh ! laissez-moi partir ! je n'ai plus de courage ;
Laissez-moi me coucher pensif, inanimé ;
Laissez-moi m'endormir sans pleurs et sans outrage,
Vous qui m'avez connu, vous qui m'avez aimé.
Laissez-moi m'endormir morne et seul dans la plaine,
Comme tous mes aînés, comme tous les rimeurs ;
Pour vivre il me faudrait connaître enfin la haine,
    Et c'est en vivant que je meurs !

Et toi que j'adorais, infidèle maîtresse,
Tyran dont j'ai subi la plus amère loi,
Coupe ardente où mon âme allait puiser l'ivresse,
Je te pardonne encor pour me venger de toi.
Je meurs, soldat vaincu que le trépas désarme,
Mais un jour ton doux front deviendra sérieux ;
Ce jour-là de ton cœur tombera cette larme
    Qu'en vain je cherchais dans tes yeux !

LES ENFANTS.

Salut à l'enfance sonore,
A ses cris, à sa liberté ;
Salut à la riante aurore
De la petite humanité !

Salut à ces jours éphémères
Si vite éclos, vite partis,
Au sourire rêveur des mères,
Aux jeux si bruyants des petits !

A ces petites épousées
Battant leurs petits amoureux,
Et dont les belles mains rosées
Griffent si bien les grands yeux bleus !

Au baby de bois que l'on tance
Sous son habit de muscadin,
Et que l'on met en pénitence
Dans le coin noir du vieux jardin !

Au garde indulgent qui pardonne ;
Au précepteur, humble Mentor,
Conduisant les assauts qu'on donne
A la niche du vieux Castor !

Au siége que, Vaubans en herbes,
Cent enfants accourus de loin
Mettent devant la meule en gerbes
De trèfle vert et de sainfoin ;

Aux maraudeurs, vaillants bonshommes,
Qui, toujours prêts à s'entr'aider,

Font de grands discours sur les pommes
Qu'ils empruntent sans demander.

A ces docteurs, gloires futures,
Qui discutent très gravement
Les merveilleuses aventures
De la Princesse au bois dormant ;

A la Fée aux bonnes nouvelles
Qui sort le soir du fond des eaux
Pour galoper dans les cervelles
Dans un carrosse à six chevaux !

Salut, surtout, race adorée,
Salut, mes chevaliers errants,
A la rébellion sacrée
Des tout petits contre les grands !

Dansez en rond, mesdemoiselles ;
Garçons, formez vos bataillons ;
Placez vedette et sentinelles
Dans les fossés, dans les sillons.

Il vous faut un peu de souffrance :
Battez-vous, mes mauvais sujets ;
Vous ne coûtez rien à la France,
Vous ne grevez pas les budgets.

Déchirez vos robes fripées
Aux ronces, aux barreaux de fer,
Et rendez aux pauvres poupées
Les férules du magister.

Pêle-mêle sur la pelouse,
Roulez, confondus, ô démons !
Laissez la vieillesse jalouse
Patenôtrer ses lourds sermons.

W

Et gardez votre franc sourire,
Vos éclats qui vous vont si bien.
La vieillesse ne sait que dire,
La vieillesse ne peut plus rien !

Et cela la rend soucieuse,
Et lui fait le front irrité,
L'impuissante est une envieuse
Qui regrette votre gaîté !

O conquérants de confitures,
Beaux loups déguisés en agneaux,
Vous êtes les miniatures
De tous nos plus vilains défauts.

Seulement les défauts de l'homme
Le mènent droit à l'hôpital,
Tandis que vous touchez la somme
Que rapporte ce capital.

Car cet espoir du vain courage,
Car ce rêve des triomphants,
Le bonheur qu'on cherche à notre âge,
Dieu le donne aux petits enfants !

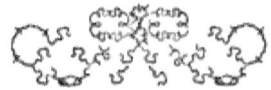

CE QU'ON RAMASSE AU FOND D'UN CORRIDOR.

A MADAME M. MINNIE BAILEY.

Je vous dédie dans une langue qui vous est inconnue, Madame, *Ma voisine* et la *Poignee de main* que je lui offrais, et je vous remercie d'avoir accueilli ce souvenir du poëte étranger. P. C.

I.

MA VOISINE.

CHANSON.

Air : Mimi Pinson est une blonde.

Quel est son nom ? Est-ce Suzanne ?
Est-ce Isabelle ou Madelon ?
Est-ce un doux nom de paysanne,
    Landerirette !
    Ou du grand ton !
Je ne sais pas ! — la bête chose,
Mais je sais — les hommes sont fous ;
    J'en suis, j'en cause, —
Que j'adore ta robe rose
Et les bouquets qui sont dessous !

Quel est son âge à cette femme ?
Est-ce Brumaire ou Messidor ?
Ses yeux sont bruns, ils sont, madame,
    Landerirette !
    Bien beaux encor !

Et pourtant j'ignore et je n'ose
Dire l'âge de ces yeux doux,
    Et je ne cause
— Que de ta fraîche robe rose
Et des bouquets qui sont dessous !

Est-elle riche, heureuse ? a-t-elle,
Marquant le jour qu'elle tomba,
Un grand tas d'or dans la tourelle,
    Landerirette !
    D'Ali Baba !
Je ne sais pas, mais je suppose
Que cet or qui vous fait jaloux
    Me fait morose ;
— Et j'aime mieux ta robe rose
Et les bouquets qui sont dessous !

San Francisco, 14 mai 1866.

II.

POIGNÉE DE MAIN OFFERTE.

CHANSON.

Le voulez-vous ? Sous les feuillées,
Sous le grand air qui vient des cieux,
Dans les champs pleins de voix ailées
Au gai pays des amoureux ;
Venez, afin qu'on se souvienne
De votre nom comme du mien.

— Tends-moi la main, voici la mienne ;
J'y mets mon cœur, mets-y le tien !

Le voulez-vous ? Venez, madame,
Au rond des pasteurs assemblés,
Mêler les chansons de votre âme
Aux alouettes des grands blés !
Là, tout Bastien a sa Bastienne.
Sous l'ombre verte on rit si bien !
— Tends-moi la main, voici la mienne ;
J'y mets mon cœur, mets-y le tien !

Le voulez-vous ? Chez les pervenches
Allons ! les jours y sont meilleurs !
C'est si gentil les jupes blanches
Que l'on accroche dans les fleurs.
En attendant que l'on revienne
D'où les bonheurs sont faits d'un rien,
— Tends-moi la main, voici la mienne ;
J'y mets mon cœur, mets-y le tien !

San Francisco, 17 mai 1866.

III.

ORIGINE DES MERS.

A LA PETITE MINNIE BAILEY.

Musique de J. Maurin.

Il ne faut pas pleurer quand des divines grèves
L'ange bleu du sommeil vient, à pas incertains,
Remplir vos yeux bénis du sable d'or des rêves ;
Les nuits de gai sommeil font les joyeux matins.

Vous êtes nos tyrans : le petit est le maître.
S'il boude, s'il s'en va, grondeur, dans quelque exil,
Sa pauvre mère a peur, car Dieu lui dit peut-être :
J'entends l'enfant pleurer, pourquoi donc pleure-t-il ?

Il ne faut pas pleurer ; le rire est votre tâche.
Enfants, nos bien-aimés, votre rire est si doux !
Quand vous pleurez, là-haut Dieu nous gronde et se fâche,
Et des larmes d'enfants il fait tous ses courroux !

Il ne faut pas pleurer quand dans vos clartés d'aube
Nous passons importuns, sévères et jaloux ;
Car vous ne savez pas ce que coûte une robe
A la mère qui souffre et qui dit : Taisez-vous !
Quand vous pleurez, là-haut votre sanglot résonne,
Et Dieu dit à la mère : Entendez-vous ce cri ?
Pour habiller l'enfant faut-il que je vous donne
Le vêtement sanglant que portait Jésus-Christ ?

Il ne faut pas pleurer, il faut boire vos larmes,
Quand, au chant des clairons, le cœur fier, les bras nus,
Votre père s'en va dans quelque passe d'armes
Et meurt pour des drapeaux qui vous sont inconnus.
Des aïeux ces drapeaux, enfant, couvrent la tombe,
Votre berceau, doux nid, ils l'abritaient hier ;
Quand vous pleurez, hélas ! cette larme qui tombe,
Dieu se baisse, la prend et la jette à la mer !

O larmes des enfants ! ce sont les Eaux profondes,
Les abîmes maudits, l'océan redouté,
Qui blanchissent les caps, ces hauts gardiens des mondes
Que le Seigneur scella dans une éternité.
Aussi quand les marins passent dans la tempête
Sous le livide éclair qui jaillit du ciel noir,
Ils entendent pleurer sous leurs pieds, sur leur tête,
Ces sombres voix d'enfants livrés au désespoir !

Il ne faut pas pleurer, le rire est votre tâche.
Enfants, nos bien-aimés, votre rire est si doux !
Quand vous pleurez, là-haut Dieu nous gronde et se fâche,
Et des larmes d'enfants il fait tous ses courroux !

San Francisco, 4 juin 1866.

IV.

BERCEUSE D'UN GRAND-PERE REPUBLICAIN.

SOUVENIR.

En ces temps-là, la République
Avait des soldats sans souliers,
Paysans armés d'une pique,
Qui valaient bien des grenadiers ;
Un bruit de forges et d'enclumes,
Battait les échos furieux,
Et l'on voyait au fond des brumes
Un bonnet rouge dans les cieux !

Clairon, redis la sonnerie
Des jours sacrés où l'on mourait
Pour le salut de la patrie,
Au nom du peuple et d'un décret !

C'était les jours de tristes fêtes :
On mêlait à de noirs banquets
D'infâmes paniers pleins de têtes
Et des caissons pleins de boulets.
Mais tous les crimes centenaires
S'envolaient, vain sable, dans l'air ;

Et l'on voyait dans les tonnerres,
Passer Bonaparte et Kléber !

En ces temps-là, la guerre immense
Soulevée au râle des rois
Couvrait de ses flots en démence
Quatre frontières à la fois !
Mais la France, agitant ses chaînes,
Montrait debout aux combattants
Quatorze murailles humaines
Dont les aînés avaient vingt ans !

En ces jours nous frappions nos maîtres ;
Hélas ! nous gardions les bourreaux,
Mais le Quiberon de nos traîtres
Valmy le payait en héros !
Et les victoires immortelles
Grandissaient sur nos horizons
Et cachaient sous leurs larges ailes
Les tricoteuses des prisons !

En ces jours-là, notre souffrance,
Hélas ! faisait pleurer les cieux ;
Mais nous souffrions pour la France,
Nos pauvres cœurs étaient joyeux.
Le pain manquait ; aussi la poudre,
Mais nous avions, peuple irrité,
Cette cartouche de la foudre
Ton sombre amour : ô Liberté !

Ce sont les jours d'histoire amère.
Enfant, aujourd'hui, qu'en dit-on ?
Châteaubriand frappait sa mère
Que sauvait le nommé Danton.
Mais lis les livres de la guerre

Et demande aux trônes broyés
Combien de clous portaient naguère
Les talons de nos vieux souliers !

Clairon, redis la sonnerie
Des jours sacrés où l'on mourait
Pour le salut de la patrie,
Au nom du peuple et d'un décret !

San Francisco, 14 juin 1866.

V.

LA TOMBE.

Elle était seule au fond d'une verte clairière,
Au-dessus le ciel calme et le grave infini :
Un grand bœuf mordait l'herbe à travers la barrière,
Et sur l'arbre un oiseau gazouillait dans son nid.
Au lointain les déserts, la mer où naît la trombe,
Et dans un vague azur l'esquif qui disparaît.
Je m'arrêtai pensif et saluai la tombe
     Où le vent seul pleurait !

Qu'elle était triste, hélas ! et que l'herbe était haute !
Pour y chercher un nom, je me mis à genoux.
Les ans avaient tout pris, l'âme et le nom de l'hôte,
Une plainte pourtant montait dans cet air doux.
La tombe murmurait une étrange parole,
Et l'arbre répondait au tombeau désolé ;
Et je m'assis alors pour parler sous le saule
     A l'Esprit envolé !

x

O tombe! qu'es-tu donc? lui dis-je ; es-tu la cîme?
Fin d'un livre perdu que le Seigneur ferma.
N'es-tu qu'une fenêtre ouverte sur l'abîme?
Et l'âme où donc est-elle? où sont ceux qu'elle aima?
Spectre invisible, l'âme est-ce toi? que fait-elle?
Est-elle, hélas! est-elle? Oh douloureux secret!
Et j'entendis répondre une voix solennelle :
        Ombre qui marche, Elle Est !

L'ombre, ce n'est pas moi ; le livre qui commence
Ce n'est pas toi, c'est moi. Je suis la Liberté.
O battement d'un cœur, je suis le souffle immense.
Tes heures font des jours, et j'ai l'Eternité.
Quand la mort a glacé jusqu'aux dernières fibres,
L'esprit vole joyeux loin du corps abattu :
Ce sont les yeux fermés qui font les âmes libres !
        — Pourquoi donc te plains-tu ?

Alors du ciel divin, de la verte clairière,
De la mer, miroir sombre, et du grave infini
De l'herbe qui couvrait, jalouse, la barrière,
Et de l'arbre où l'oiseau chantait, faisant son nid,
Une voix lamentable et pourtant pure et douce
Me répondit encore, et je sentis, hélas !
Les larmes de ce mort qui montaient dans la mousse
        Lorsqu'il disait tout bas :

Ami, tout est orgueil, jusqu'au delà la tombe.
Oh ! va, l'immensité, les mondes, les soleils,
Et l'Astarté du ciel, mère de la colombe,
Et les anges charmants dont les fronts sont vermeils,
Ne valent pas pour moi la trace parfumée
D'un petit pied chéri dans l'herbe qu'il troubla,
Ni ce cri, doux appel de l'enfant, voix aimée :
        — Père, viens, je suis là !

San Francisco, 25 juin 1866.

VI.

JE SUIS TRISTE !

——

> L'avenir, fantôme aux mains vides
> Qui promet tout et qui n'a rien !
> VICTOR HUGO.

Je suis triste ! adieu la raison !
Malheur à qui ne peut plus croire.
Hélas ! j'avais rêvé la gloire
Au doux foyer de ma maison.
O sombre ennui, sculpteur des rides,
Toi seul viens causer avec moi;
Mon avenir a les mains vides,
Hélas ! et je n'ai plus la foi !

Le vent a déchiré tes voiles !
Pauvre âme, loin de ta prison
Va sans boussole à l'horizon
Te promener dans les étoiles.

J'avais rêvé l'humble bonheur,
La joie aimante et familière ;
Une porte était ma frontière,
La sentinelle était mon cœur.
Une chambre était mon empire.
Là, je songeais, et pour témoins,
J'avais des enfants dont le rire
Pailletait d'or les quatre coins.

Le vent a déchiré tes voiles !
Pauvre âme, loin de ta prison
Va sans boussole à l'horizon
Te promener dans les étoiles.

Pour peu de chose nous chantons
Nous les amants du clair de lune ;
Poëtes pensifs de la Brune,
Pauvres Jeannots des Jeannetons !
Je rêvais des bottines noires
Se chauffant au feu du tison,
Et racontant quelques histoires
Au doux foyer de ma maison.

Le vent a déchiré tes voiles !
Pauvre âme, loin de ta prison
Va sans boussole à l'horizon
Te promener dans les étoiles.

Lâche hiver, jaloux du printemps,
Je rêvais... maintenant qu'importe ;
Va, Pierrot ! ta chandelle est morte :
Mes vers seuls ont encor vingt ans !
Ces vieux qui s'en vont vers les tombes
Voudraient mêler, ça donne froid,
Les hibous avec les colombes !
Vieux, l'avenir n'est plus à toi !

Le vent a déchiré tes voiles !
Pauvre âme, loin de ta prison
Va sans boussole à l'horizon
Te promener dans les étoiles !

San Francisco, 1 septembre 1866.

VII.

BERCEUSE D'UNE GRAND'MERE BONAPARTISTE.

———

Je les ai vus passer, disait la pauvre vieille,
Avec des colliers d'or au cou comme des chiens ;
J'entends encor parfois sourdre dans mon oreille
Le grand bruit plein d'éclairs que faisaient leurs liens.
Des rois, des généraux, une foule vampire
Aux pieds de l'empereur se couchait ces jours-là ;
Et nos soldats veillaient au salut de l'empire
      Que les plus grands vendaient déjà !

Que chacun ici-bas accomplisse sa tâche !
Les plus humbles efforts là-haut seront bénis.
Mais par l'empereur mort ! par les cieux infinis !
Que le souffle de Dieu sèche la main du lâche
Qui touche sans trembler à l'honneur du pays !

Je les ai vus passer tous les grands misérables
Fleurdelisés, joyeux ; serviteurs du hasard,
Comme ils riaient de nous ces hommes exécrables,
Ces pâles fossoyeurs des grands jours de César !
Leur Te Deum sanglant couvrait la Marseillaise,
Et leurs princes, hélas ! demande à Béranger,
Remplissaient sans rougir d'une poudre française
      Les gibernes de l'étranger !

Que chacun ici-bas accomplisse sa tâche !
Les plus humbles efforts là-haut seront bénis.
Mais par l'empereur mort ! par les cieux infinis !
Que le souffle de Dieu sèche la main du lâche
Qui touche sans trembler à l'honneur du pays !

Je les ai vus passer dans leur gloire infamante.
O mon enfant ; j'ai vu l'évêque Talleyrand,
J'ai vu Bourmont, j'ai vu Monsieur le duc d'Otrante,
J'ai vu les plus petits jeter bas le plus grand !
Et je les ai maudits, moi, simple pauvre femme,
Car ils livraient la France, et je ne pouvais pas
Racheter de mon sang, de mes jours, de mon âme
   Les trente deniers de Judas !

Que chacun ici-bas accomplisse sa tâche !
Les plus humbles efforts là-haut seront bénis.
Mais par l'empereur mort ! par les cieux infinis !
Que le souffle de Dieu sèche la main du lâche
Qui touche sans trembler à l'honneur du pays !

Mais je l'ai vu passer, le maître de la guerre !
Il nous faisait saigner, mais il nous faisait forts.
Comme je l'ai béni du fond de ma misère,
Par notre chère France, au nom de nos fils morts !
Et, vieille, je t'apprends les fanfares guerrières
Des grands chasseurs de rois dans l'immense hallier
Du temps où l'empereur démarquait les frontières
   Comme moi ce vieux tablier !

Que chacun ici-bas accomplisse sa tâche !
Les plus humbles efforts là-haut seront bénis.
Mais par l'empereur mort ! par les cieux infinis !
Que le souffle de Dieu sèche la main du lâche
Qui touche sans trembler à l'honneur du pays !

San Francisco, 8 septembre 1866.

ON JOUE RUY BLAS !

—

Maître, nous irons tous ! nous sommes tes convives ;
Nous allons aux torrents, aux sources des eaux vives
D'où sort la poésie au flot large et joyeux.
Nous irons t'applaudir, car nous savons encore
Bégayer les doux mots de la langue sonore
   Dont l'alphabet est dans les cieux !

Nous irons t'acclamer, toi le fils de Montaigne !
Nous sommes les enfants des hommes du grand règne ;
Racine ou Crébillon, que nous importe à nous
Le chemin parcouru par vous dans notre histoire.
Nous allons au génie, aux éclairs, à la gloire,
Et nous marchons toujours, même sur les genoux !

Oh ! que nous font à nous les écoles, l'arène,
Si le front est divin, si la voix est sereine,
Si notre âme escalade avec vous jusqu'aux dieux !
Aigles du même nid, vous n'avez qu'une mère,
Et nous pouvons t'aimer sans insulter Homère,
Car c'est du même ciel que vous venez tous deux !

Maître, nous irons tous ! car l'Auguste est Shakspeare ;
Mais nous t'avons sacré César de cet empire
Que nul souffle ne peut abattre ou ruiner.
Nous irons ! nous irons pour te prouver qu'on l'aime,
Cet art, ton idéal, ce vrai du beau suprême !
Ce Roi que tu n'as pas le droit de détrôner !

Maître, révolte-toi ; sois la plainte éternelle.
Sois le grand protestant, sois le puissant rebelle ;
Injuste, accuse-nous, et fais-nous honte, hélas !
Casse ta prose ailée aux angles noirs des bouges,

Et refais-nous Coblentz avec des drapeaux rouges,
—Qu'est-ce que ça nous fait ! n'as-tu pas fait Ruy Blas ?

Maître, nous t'avons lu, nous te lisons sans cesse ;
Maître, te souviens-tu de tes jours de jeunesse,
Des jours où tu signais ton drame radieux ?
Où Lamartine et toi, vous marchiez côte à côte,
— Où, maître, tu frappais, c'est ta première faute,
Au Palais Mazarin, cet hôpital des dieux ?

Depuis ces jours heureux où les cœurs étaient ivres,
J'ai vu ton nom signer de beaux vers, de fiers livres.
Eh bien ! je ne sais rien de plus grand, de plus beau
Que ce cri de douleur, clameur désespérée
De l'Espagne avilie, insultée et navrée,
Et dont le pied frissonne au vent noir du tombeau !

Je ne sais rien de grand ni rien de magnifique
Comme Ruy Blas, pauvre homme, — un laquais héroïque
Relevé par l'amour, grandi par la douleur ;
Et j'aime, homme de rien, cet homme d'épopée
Qui, terrible, indigné, la main sur une épée,
Refait, humble valet, ce qu'a fait l'empereur !

San Francisco, 15 juillet 1866.

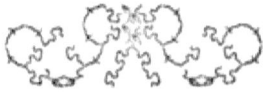

LIBERTÉ !

O muse des grands cœurs, O déesse sereine,
Dont les pieds blancs jamais ne touchèrent l'arène
Où combat des humains la frêle volonté ;
Toi, qui de mes amours fus toujours la première,
Toi, la fille de Dieu, toi, la sainte Lumière,
   Je te salue, ô Liberté !

Je t'aime, mais bien loin des vastes Babylones ;
Je t'aime ; dans les bois, dans l'ombre, sous les aulnes,
C'est ta voix qui murmure en passant sur les eaux.
Je t'aime dans les champs, joyeuse et sans défense ;
Je t'aime dans les monts où tu nourris l'enfance
   Et des lions et des oiseaux !

Oh ! qu'un autre m'appelle âme faible et cœur lâche ;
Qu'il te rêve sanglante et la main sur la hache ;
Que remuant la foule au nom des maux soufferts,
Il te fasse régner par le fer et la flamme ;
Qu'il fasse de ton nom un paradoxe infâme ;
   Qu'il te mette aux yeux des éclairs !

J'aime mieux t'admirer riante et pacifique,
Dans les calmes grandeurs de la jeune Amérique ;
J'aime mieux te chercher dans les déserts en fleurs
Où les jours bleus s'en vont suivis de nuits vermeilles,
Où la nature douce accomplit ses merveilles,
   Pour les humbles parmi les cœurs !

1857.

Y

HÉLAS !

——

Des amours de mon cœur j'ai remué la cendre.
Des échos du passé j'essaie en vain d'entendre
     Et le plus doux et le plus pur.
Toujours mes meilleurs temps du doute sont la proie,
J'ai des larmes toujours au fond de chaque joie
     Et de la pluie en mon azur.

Lorsque j'avais vingt ans, je croyais à la vie
Et je ne voyais pas, plein d'une froide envie,
     Le temps s'avancer à pas lents.
Dans le lointain brumeux s'en allaient mes misères,
Dix ans à peine ont joint mes vingt ans si prospères,
     Hélas ! et j'ai des cheveux blancs !

Pourtant, je crois encore à l'amour de la femme,
Et malgré tout le sang qui coule dans mon âme,
     Aux cœurs fidèles, à la foi.
Au Jésus de ma mère, à ses humbles apôtres,
A mon enfant chérie, à l'avenir des autres,
     Hélas ! je ne crois plus en moi !

Oh ! mes jours de douleur ! oh ! mes jours de bataille,
Lorsque je vous contemple et que mon cœur tressaille
     A votre triste souvenir,
Je puise en vous, jours fiers que j'admire et que j'aime,
La force qu'il me faut pour l'épreuve suprême
     Du malheur que je sens venir !

1855–1867.

FIN.

TABLE.